시와 TTS

인공지능총서

인공지능 시대입니다. 기계가 인간의 인지를 대신하고, 사물이 인간을 통하지 않고 다른 사물과 직접 커뮤니케이션합니다. 이에 따른 인간 삶과 문명 변화를 정확히 이해·예측·대응하는 것은 이 시대 우리 모두의 과제입니다. 인공지능총서는 인공지능 기술과 환경의 여러 주제를 10가지 키워드로 정리합니다. 관련 개념과 이론, 학계와 산업계의 쟁점, 우리 일상의 변화를 다룹니다. 인간과 기술의 현재, 미래를 세심히 분석합니다.

일러두기

- 인명, 작품명, 저서명, 개념어 등은 한글과 함께 괄호 안에 해당 국가의 원어를 병기했습니다.
- 외래어 표기는 현행 어문규정의 외래어표기법을 따랐습니다. 다만 '포먼트 합성', '파이썬' 등은 관행을 따랐습니다.
- 이 저서는 2023년 대한민국 교육부와 한국연구재단의 인문사회분야 중견연구자지원사업의 지원을 받아 수행된 연구임 (NRF-2023S1A5A2A01080868)

처음이세요?

전문가세요?

AI와 TTS

임현열

대한민국, 서울, 커뮤니케이션북스, 2025

AI와 TTS

지은이 임현열
펴낸이 박영률

초판 1쇄 펴낸날 2025년 9월 12일

커뮤니케이션북스(주)
출판 등록 2007년 8월 17일 제313-2007-000166호
02880 서울시 성북구 성북로 5-11
전화(02) 7474 001, 팩스(02) 736 5047
commbooks@commbooks.com
www.commbooks.com

ISBN 979-11-430-0438-3 03500

책값은 뒤표지에 표시되어 있습니다.

차례

인간의 언어, 기계의 목소리 xi

01 TTS 기술의 필요성과 의의 1

02 TTS 기술의 작동 원리 15

03 TTS 기술의 현재와 미래 35

04 연결되는 소리, 부드러운 흐름 47

05 개입되는 소리, 선택의 문제 61

06 흔들리는 소리, 경계의 선택 79

07 강해지는 소리, 복잡한 조건 93

08 운율이라는 시험대 109

09 속도라는 리듬, 인간과 AI의 차이 125

10 AI의 말, 우리가 다시 듣는 언어 139

인간의 언어, 기계의 목소리

TTS의 목소리, 낯선 자연스러움

이른 아침 지하철역, 안내 방송이 다음 열차의 도착을 알린다. 이어서 들려오는 목소리는 부드럽고 또렷하다. "이번 열차는 ○○행 열차입니다." 목소리는 친절하고 정확하지만, 어딘가 공기가 빠진 듯 납작하다. 같은 시간, 누군가는 스마트폰을 열고 AI 스피커에게 날씨를 묻는다. "오늘 ○○ 지역은 흐리고 오후부터 비가 오겠습니다." 기계는 정확한 정보를 전달하지만, 그 말 속에는 감정도 숨도 없다. 언뜻 보면 우리가 사는 일상의 장면이지만, 자세히 들여다보면 낯선 것이 하나 있다. 우리의 일상에 점점 더 많은 목소리가 등장하지만, 그중 실제 사람이 낸 목소리는 점점 줄어들고 있다.

TTS(Text-to-Speech), 즉 문자를 음성으로 변환하는 기술은 우리에게 더 이상 낯설지 않다. 길 안내, 콜센터, 뉴스 클립, 교육용 애플리케이션, 오디오북과 게임 캐릭터까지, 이제 기계의 목소리는 현실을 대체하는 수준에 이르렀다. 그리고 이 목소리는 점점 더 사람처럼 들리기 시작했다. 어조가 달라졌고, 억양이 생겼고, 멈춤과 강조까지 갖추기 시작했다. 때로는 이렇게 묻고 싶어진다. “지금 말한 사람이 정말 사람일까?”

하지만 그 의문이 드는 순간, 우리는 다시 깨닫게 된다. 기계의 말은 인간의 말과 닮았지만 완전히 같지 않다. 문장 구조가 아무리 정확해도, 소리가 아무리 매끄러워도, 그 목소리에는 숨이 없고, 맥락에 대한 반응도 없다. 기계는 단어를 조립하고 억양을 설계할 수는 있지만, 말이 언제 멈춰야 하는지, 어느 단어를 강조해야 하는지, 청자가 무엇을 기대하고 있는지 이해하지 못한다. 그래서 기계의 말은 이상하게도 너무 매끄러워서 낯설고, 너무 또렷해서 불편하다.

이 책은 그 낯섦에 대한 탐색이다. TTS 기술을 단순히 인간처럼 말하게 하는 기술로 다루는 것이 아니라, 그 기술이 인간 언어의 복잡성과 감각의 층위를 얼마나 재현하지 못하는지를 통해 인간 언어를 되묻는 인문학적 작업이다. 필자는 몇 년간 한국어 TTS의 음운 현상 구현을 연구하면서, 기술을 통해 오히려 인간 언어의 섬세한 구조와 맥락적 판단의 복잡성을 더 잘 이해하게 되었다. 기계에게 말을 가르치려 하다 보니, 우리말이 얼마나 복잡하고 섬세한 것인지를 역으로 배우게 된 것이다. 이 책은 바로 그 지점, 기술이 실패하는 국면에서 드러나는 인간 언어의 본질에 주목한다.

지금, 기계가 말한다는 것의 의미

TTS 기술은 어느 순간부터 단순한 음성 출력 기능을 넘어 언어에 대한 사유를 이끌어 내는 지점에 도달했다. 기계가 문장을 소리로 바꾸는 과정은 더 이상 단순한 기술적 전환이 아니다. 기계가 말소리를 생산하려는 시도는 결과적으로 인간의 말하기 방식과 그 구조에 대한 새로운 인식과 질문을 불러일으킨다. 특히 최근의 TTS는 단어 하나하나의 발음을 정확히 재현하는 것을 넘어, 억양, 강세, 멈춤, 심지어 감정의 흐름까지 조절하는 방식으로 발전해 왔다.

하지만 그럴수록 기계의 말과 인간의 말 사이의 차이는 더욱 분명해진다. 인간은 동일한 문장을 상황에 따라 전혀 다르게 발화한다. 특히 슬픔이나 비극을 표현할 때, 사람들은 말 대신 침묵을 선택하거나, 말의 속도를 늦추고, 울림 없는 낮은 음조로 감정을 표현하기도 한다. 때로는 짧은 침묵, 억눌린 호흡, 목소리의 떨림이 언어보다 더 많은 것을 전달한다. 그러나 TTS는 이러한 감각을 규격화된 억양으로 환원한다. 이른바 비극적 어조로 분류된 목소리가 반복적으로 사용될수록 오히려 기계가 정말 이 상황을 비극으로 인식하고 있는 것인가, 하는 청자의 의심을 불러일으킬 수 있다.

이러한 맥락에서 언어학자들은 TTS 기술의 발전을 단순히 관찰 대상이 아닌 새로운 언어 현상이 출현하는 장으로 바라보게 되었다. 기계가 문장을 '어떻게' 말하는지를 분석하는 과정이 곧 인간이 '왜 그렇게 말하는가'를 되묻게 만든 것이다. 지금의 TTS는 음운론과 화용론, 운율과 의미, 리듬과 감정 등 언어의 다양한 층위에서 기계가 따라 하지 못하는 부분을 역설적으로 부각하고 있다. 그 어긋남의 지점이 바로 언어의 핵심이기도 하다.

결국 우리는 지금 기계가 점점 더 인간의 언어를 닮아가는 시대를 지나고 있다. 동시에 기계의 소리 또한 우리 사회의 언어 환경 속에 자연스럽게 포섭되고 있다. 기계의 목소리가 단지 흉내 내는 소리가 아니라, 언어 사용의 한 방식으로 받아들여져야 하는 전환점에 놓여 있는 것이다. 인간과 기계의 경계가 흐려지는 이 지점에서 우리는 언어에 대한 기존의 인식틀을 재정비해야 할 시기에 도달했다. 그리고 이 책은 바로 그 시점에서 시작된다.

논문에서 말하지 못한 것들

이 책의 출발점은 하나의 단순한 문제의식이었다. TTS가 만들어 내는 말소리를 반복해서 들으면서 기계의 말에는 무엇이 빠져 있나 하는 생각을 했고, 그 빠짐은 인간 언어의 어떤 측면과 연결되나 하는 질문이 자연스럽게 따라왔다. 이 책은 바로 그러한 질문들로부터 시작되었다. 연구자이자 사용자로서의 이중적 경험이 기술의 작동 원리를 따져 묻고, 언어학의 관점에서 그 한계와 가능성을 점검하는 계기가 되었다.

필자는 2018년부터 TTS 기술이 실제 한국어 음운 현상을 어떻게 구현하고 있는지 점검하는 연구를 진행해 왔다. 그 과정에서 발표한 다섯 편의 논문은 연음, ㄴ 첨가, ㄴㄹ 연쇄의 유음화와 비음화, 경음화, 외래어 발음 처리 등 다양한 음운 현상이 기계에 의해 어떻게 실현되고 있는지를 실험적으로 검토한 결과물이다. 예를 들어, '솥입니다'가 [소팀니다]로 발음되는 현상은 연음 현상과 구개음화가 순차적으로 적용되어야 했으나, 그 적용이 되지 않았기 때문에 현실 언어 사용과 동떨어진 결과를 낳는 대표적인 사례였다. 이는 언어학적 기준이 체계적으로 정돈되지 않은 상황에서, 엔지니어 중심으로 음운 규칙이 임의적으로 적용될 때 발생하는 문제를 보여 준다.

반면, '공권력'을 [공꿜력]으로 처리한 경우가 있는데, 이는 성격이 다르다. 이 발음은 현실 발화에서는 종종 관찰되지만, 표준 발음법상으로는 [공꿘녁]이 맞다. 그럼에도 일부 TTS 시스템이 [공꿜력]을 출력하는 것은 현실 발음을 표준처럼 오인한 채 별다른 검증 없이 구현한 사례라고 볼 수 있다. 두 사례 모두 음운 규칙 자체의 유무를 넘어, 언어 자료의 해석과 선택의 문제가 기술 구현의 핵심 과제가 되어야 함을 드러낸다.

이 책은 그 논문들을 단순히 요약하거나 재정리한 것이 아니다. 오히려 개별 논문들은 학계의 문법, 구성, 논리 전개 방식에 따라 제약된 형식과 문체를 따를 수밖에 없었고, 그 제약 속에서 다루지 못했던 이야기들이 많았다. 이 책은 그 연구들을 좀 더 넓은 독자층을 염두에 두고 새로운 설명 구조로 풀어내는 작업이었다. 그 과정에서 단일 음운 현상에 대한 기술적 분석이 아닌 좀 더 종합적인 이해로 확장될 수 있었다.

특히 학술 논문이라는 텍스트 장르는 정확성과 재현 가능성을 위해 형식상 규칙 중심의 기술에 치중할 수밖에 없는 측면이 있었다. 그러나 이 책은 그러한 구성을 탈피해, 기술의 세부 항목보다 그 안에서 발생하는 언어적 감각의 어긋남과 실제 발화 환경에서의 차이를 중심으로 서술하려고 했다. 이 점에서 기존 연구의 확장이라기보다는, 그것의 재배열과 재해석이라고 부를 수 있을 것이다.

결과적으로 이 책은 TTS 기술을 둘러싼 인간 언어의 현상들을 낱낱이 따져 보면서도, 그것들을 연결하고 종합해 언어라는 것이 무엇을 담고 있는지, 그리고 기계의 말이 언어의 일부로 편입되는 오늘날 우리는 어떤 판단 기준을 새로 마련해야 하는지 함께 묻고자 한다. 기술적 실현이 곧 언어 사용의 조건이 되는 시대, 이 책은 그 전환기에 서 있는 언어학자의 기록이기도 하다.

다른 음운 현상, 같은 기술의 어긋남

이 책에서 다루는 중심 항목 가운데에는 연음, ㄴ 첨가, ㄴㄹ 연쇄의 유음화와 비음화, 그리고 경음화 같은 음운 현상이 있다. 여기에 말소리의 길이, 높이, 세기를 포함한 운율 요소도 별도의 층위로 다뤄진다. 각각의 항목은 다루는 현상이나 규칙이 다르지만, TTS 시스템에서의 구현 과정을 보면 공통적으로 유사한 양상의 오류나 어색함이 반복되어 나타난다.

이러한 반복은 단순한 설명상의 중복이나 기술의 한계로만 볼 수 없다. 오히려 각기 다른 음운 현상과 운율 요소들이, 현실 언어에서 발생하는 규칙과 변이에 대한 민감한 조절 없이 처리될 경우 어떤 문제가 발생하는지를 서로 다른 사례를 통해 드러내고 있다는 점에서 하나의 구조적 연결성을 갖는다. 즉, 현상은 다르지만 기술이 그것을 다루는 방식에는 일정한 일관되지 않은 처리 경향이 있다는 것이다.

예를 들어, 연음은 단어의 말소리와 다음 단어의 첫소리가 이어질 때, 그 연결 양상이 표기된 문자와 달라지는 경우다. ㄴ 첨가는 자음으로 끝나는 단어 뒤에 '이, 야, 여, 요, 유' 등 반모음이 시작되는 단어가 결합할 때 발생하는 특수한 삽입 현상이다. ㄴㄹ 연쇄에서는 유음화와 비음화가 교차하며, 같은 구조 속에서도 표준 발음과 현실 발음, 개인별 인식이 다르게 작동한다. 경음화는 말소리의 강도를 조정하는 현상이지만, 역시 문법적 환경, 어절 경계, 단어 빈도 등에 따라 매우 다양한 실현 양상을 보인다.

이처럼 각 현상이 작동하는 방식은 분명히 다르지만, 기술은 이 차이를 충분히 고려하지 않은 채 정해진 규칙 하나를 일관되게 적용하거나, 예외적 사례에 대한 분포를 학습하지 못한 채 표면적 처리를 반복하는 경향을 보인다. 더욱이, 같은 현상이라고 하더라도 성별, 연령, 지역, 발화 맥락 등 사회언어학적 요인에 따라 다르게 실현되는데, 현재의 TTS 시스템은 이러한 변이를 수용할 수 있는 여지가 부족하다.

결국 이 책에서 반복적으로 등장하는 유사한 문제들은 단순한 형식적 구조의 되풀이가 아니라, 기술이 언어의 규칙성과 변이를 함께 고려하지 못할 때 발생하는 본질적인 오류 구조의 반복이다. 각기 다른 음운 현상이지만, 그 구현을 통해 드러나는 기계 언어 처리 방식의 공통된 구조적 맹점은 이 책의 구성이 단지 사례를 나열한 것이 아님을 보여 준다.

이러한 구조는 TTS 기술이 실패하고 있다는 뜻은 아니다. 다만 지금이야말로, 기술이 언어의 복합적인 층위를 어디까지 다뤄야 하는지를 다시 점검할 때라는 사실을 보여 준다. 음운 현상과 운율 요소는 단지 음향적 결과를 넘어, 발화 상황, 화자의 정체성, 사회적 의미 등 언어의 복잡한 맥락과 깊이 있게 연결되어 있는 핵심적인 구조이기 때문이다.

현상의 목록이 아닌 어긋남의 지도

이 책은 총 10개의 장으로 구성되어 있으며, 각 장은 TTS 기술과 관련된 언어 현상 중 필자가 실제로 분석하고 관찰해 온 주요 주제들을 중심으로 구성되었다. 기술적 분류나 알고리즘의 처리 단계에 따라 나눈 구성은 아니다. 오히려 기계가 말소리를 구현하는 과정에서 반복적으로 문제를 드러내는 항목들을 선별하고, 그것을 설명하기에 적절한 순서를 마련하는 데 초점을 두었다.

1장부터 3장까지는 배경지식을 제공하는 구간이다. TTS 기술이 어떤 필요에서 비롯되었고, 현재 어떤 방식으로 작동하고 있으며, 그 기술이 인간의 말하기를 구현하려는 과정에서 발생시키는 언어학적 물음이 무엇인지를 차근히 짚어 나간다. 독자가 기술에 대한 전문적인 지식이 없더라도, 이후의 논의들을 무리 없이 따라갈 수 있도록 기술적 개요와 언어적 문제의 연결 구조를 설명하는 역할을 한다.

4장부터 7장까지는 분절음 차원의 음운 현상을 중심으로 다룬다. 연음, ㄴ 첨가, ㄴㄹ 연쇄에서의 유음화와 비음화, 그리고 경음화는 한국어의 표기와 발음이 자연스럽게 어긋나는 대표적인 사례들이다. 이들 항목은 모두 TTS 시스템이 발음을 생성할 때 규칙 적용과 예외 처리를 판단해야 하는 지점이며, 정확하게 실현되지 않거나, 규칙이 지나치게 경직되게 적용될 경우에 어색함이 드러나는 영역이기도 하다. 이 구간에서는 특히 문자 기반 처리와 음성 직관 사이의 차이, 그리고 기술이 놓치고 있는 맥락 정보에 주목한다.

8장과 9장은 초분절음 층위의 문제를 다룬다. 8장은 말소리의 길이, 높이, 세기 같은 운율적 특성들이 TTS 시스템 안에서 어떻게 실현되고 있는지를 점검한다. 9장은 이 중 특히 '길이'에 주목해, 자연 발화와 합성 음성 사이의 발화 속도 차이를 실험적으로 비교한 결과를 중심으로 논의를 전개한다. 이 두 장에서 공통적으로 드러나는 문제는, 자연 발화의 다양성과 유동성이 기술 안에서는 상대적으로 일률적인 패턴으로 처리되고 있다는 점이다. 각각의 말하기 맥락에서 미묘하게 달라지는 말의 속도와 억양이 기계 안에서는 어떻게 단순화되는지를 살펴보면서, TTS 기술이 앞으로 보완해야 할 조건들을 가늠해 보는 계기를 마련하고자 했다.

10장은 마무리 장이지만, 이 책 전체의 내용을 다시 정리하거나 결론을 단정하려는 장은 아니다. 그보다는 지금까지 논의된 기술적 현실과 언어학적 분석 사이에 어떤 긴장감이 존재하는지를 정리하고, 독자가 책을 읽으며 느꼈을 의문과 생각들을 함께 정돈해 보는 하나의 정리된 중간 지점에 해당한다. 기술의 발달 과정 속에서 음운 변이, 억양 조절, 화자 간 발화 양상 차이처럼 인간 언어의 복잡성이 어떻게 다시 드러나는지를 돌아보며, 독자와 함께 그 거리감을 다시 음미해 보는 자리다.

기술을 점검하다가 언어를 다시 보다

TTS 기술은 이제 완성된 기술처럼 인식되는 경우가 많다. 말소리가 자연스럽게 들리고, 일정한 품질을 유지하는 듯 보인다. 그러나 필자는 그 음성들을 실제로 분석해 보는 과정을 통해 이 기술이 아직도 인간의 발화를 온전히 구현하지는 못하고 있다는 사실을 분명하게 확인하게 되었다.

문제는 단순한 음질이나 억양의 자연스러움이 아니라, 말하기라는 행위가 지닌 복합성과 조절 능력이 기술적으로 구현되지 않는 지점에 있었다. 기술은 정확한 발음을 산출할 수는 있지만, 그것이 언제, 어떻게, 어떤 방식으로 말이 되어야 하는지를 판단하는 데 여전히 단순한 규칙 기반 처리에 머무르고 있다.

좀 더 사람다운 말소리를 만들기 위한 작업은 결국 인간의 언어에 대한 이해를 좀 더 정교하게 요구한다. 필자가 TTS 시스템의 구현 방식을 점검하는 동안 분명해졌던 것은, 우리가 말하고 있는 언어에 대해서조차 실제로는 충분히 세밀한 기술과 정리를 해 두지 못한 부분이 많다는 점이었다. 다양한 음운 현상, 규칙의 예외, 맥락에 따른 변이, 발화자 집단 간의 차이 등은 기술 이전에 이미 언어 자체가 가진 복잡한 조건이었으며, 그것이 기계의 발화 속에 드러나면서 인간 언어의 구조를 다시 돌아보게 만든 계기가 되었다.

이러한 인식은 기술에 대한 평가를 인간 언어에 대한 점검으로 전환했다. 예를 들어 연음이나 ㄴㄹ 연쇄, 경음화 등의 항목에서 드러나는 어색한 TTS 발화는, 단순히 기계의 문제로 환원되지 않는다. 그것은 왜 우리는 그런 방식으로 말하고 있고, 그 방식은 어떤 사회적 맥락과 연계된 것인가라는 물음을 불러일으키며, 언어의 형성과 사용 방식에 대한 더 넓은 분석을 요구하게 된다.

또한 TTS 기술 개발 과정에서 많은 판단이 엔지니어들에 의해 이뤄진다는 현실도 함께 고려될 필요가 있다. 물론 기술 설계의 관점에서는 처리 가능한 규칙의 단순화와 안정성이 필요하지만, 실제 언어는 그보다 더 정교하고 미세한 조건들에 의해 움직인다. 발음의 수용 가능성, 어형의 빈도, 화자의 인식, 지역적 편차, 사회적 표준과의 관계 등은 단순화된 데이터 수치와 규칙 목록으로는 판단하기 어려운 영역이다. 이 책은 그 미묘한 경계들에서 기술적 판단과 언어학적 판단이 엇갈리는 사례들을 살펴보고, 언어를 구현하는 기술이 반드시 감안해야 할 다층적인 조건들을 점검해 보려는 시도였다.

결국 이 책의 분석은 기술을 점검하려는 작업에서 출발했지만, 그 과정에서 다시 인간 언어의 구조와 그것이 실제로 작동하는 방식에 대한 더 깊은 이해를 요청받는 자리로 나아가게 되었다. 언어는 결코 단일하지 않고, 그것을 구현하려는 기술 역시 섬세하고 다면적인 접근을 필요로 한다는 인식이 이 책의 흐름을 구성하는 중요한 축이 되었다.

AI와 TTS, AI와 함께 쓰다

이 책은 오랜 시간 동안 준비해 온 연구를 바탕으로 구성되었지만, 집필 방식은 지금 시대에 비로소 가능해진 새로운 지식 생산 방식의 실험으로서 의의가 있다. 내용을 혼자 구상하고 정리해 문장화하는 방식에서 벗어나, 인공지능 언어 모델과의 대화와 피드백을 통해 점진적으로 내용을 발전시켜 가는 협업 구조로 진행되었기 때문이다. 그러나 이 협업은 흔히 말하는 자동 글쓰기와는 전혀 다른 방식이었다.

주제를 정하고, 몇 가지 핵심어를 제공한 뒤, 생성된 결과물을 그대로 받아들이는 방식은 지금의 언어 모델이 가진 수준을 고려하면 결코 충분하지 않다. 중요한 것은 내용의 핵심을 사람이 갖고 있어야 한다는 점, 그리고 그것이 담길 구조와 순서를 사람이 설계해야 한다는 점이다. 이 책 역시 마찬가지였다. 필자는 수년간의 TTS 관련 연구를 통해 쌓아 온 분석과 성찰, 그리고 이미 발표된 논문이라는 정제된 콘텐츠를 기반으로, 각 장에 어떤 흐름을 담을지, 어떤 항목을 중심으로 펼쳐야 할지를 구체적으로 계획했다.

그런 다음, 표현을 다듬고 문단을 조직하는 과정에서 GPT를 비롯한 생성형 AI 도구를 적극적으로 활용했다. 그러나 그 과정에서 AI가 처음 제안한 표현이나 구문 중 많은 부분은 과도하게 일반적이거나, 맥락에 비해 과장된 표현을 담고 있는 경우가 적지 않았다. 예를 들어 '시사하다', '제공하다', '기여하다' 같은 표현은 지나치게 자주 반복되었고, '보다' 같은 비교형 구조는 국어 문체에 어색함을 남겼다. 필자는 이처럼 자동 생성된 표현의 단조로움을 하나씩 검토하고 수정 요청을 거듭하면서 글의 밀도를 조율해 갔다.

또한 필자는 단지 표현의 수정에 머물지 않고, 때로는 구조 전체의 재구성, 논리의 흐름 전환, 장의 배치와 내부 순서까지도 구체적으로 지시하며, 각 문장의 목적이 무엇인지 명확히 한 뒤 다시 쓰도록 했다. 이러한 방식은 일방적인 글쓰기 도구 활용이 아니라, 기계의 제안을 재구성하고 교정하며, 표현과 구성의 방향을 사람이 결정하는 협업 방식에 가깝다.

이러한 집필 과정은 지금 우리가 겪고 있는 기술의 전환기에서 기계가 인간의 언어를 보조할 수 있는 가능성과 한계를 동시에 보여 주는 사례기도 하다. 언어 모델은 놀라울 정도의 표현 능력을 지니고 있지만, 지식의 정밀성, 문맥의 깊이, 그리고 표현의 긴장감과 완급은 여전히 사람의 판단과 경험을 통해 조정되어야 한다. 결국 이 책은 기술과 사람이 함께 만든 결과물이지만, 그 최종 판단과 책임은 철저히 인간에게 속해 있는 글이다.

앞으로 생성형 AI 도구와 협업하는 글쓰기는 더욱 보편적인 방식이 될 것이다. 그렇기 때문에 더더욱, 전문성을 가진 사람이 콘텐츠를 설계하고 맥락을 조정하며, 기술이 만들어 내는 표현을 꼼꼼히 점검하는 방식이 중요해진다. 이 책은 그런 가능성과 한계를 모두 겪으며 썼고, 그 과정에서 글쓰기의 방식과 책임에 대해 새로운 질문들을 떠올릴 수 있는 경험이 되었다. 이 작업은 이런 방식의 끝이 아니라 시작이다. 앞으로의 글쓰기는 더욱 다양한 방식으로 사람과 기술의 협업을 실험하게 될 것이다.

감사의 글

이 책을 쓰는 내내, 한 사람의 이름을 자주 떠올렸다. 지도 교수님이신 중앙대학교 국어국문학과 이찬규 교수님.

학부 새내기 시절, '국어학 개론' 수업을 들으며 언어에 대한 나의 사고방식이 조금씩 달라지던 어느 날, 수업 후반부의 한 주차에서 교수님은 뇌 해부도가 담긴 책을 꺼내 보여 주시며, 언어가 뇌와 감각 기관을 통해 어떻게 작동하는지를 설명하셨다.

과목의 성격상 흔히 다루지 않는 자료였기에, 당시에는 다소 낯설게 느껴졌지만, 그 장면은 언어를 처음으로 '몸의 구조'로 받아들이게 된 계기가 되었다.

이후 교수님은 학과에 음성 분석기를 도입해 학생들이 직접 실험해 볼 수 있도록 환경을 마련해 주셨고, 2017년 인문한국플러스(HK+) 사업을 준비하던 시기에는 '인공지능 인문학'이라는 개념을 제안해 주시며, 나에게 새로운 사고의 전환점을 열어 주셨다. 지금 이 책이 가능하게 된 가장 큰 계기 또한, 바로 그 제안에서 비롯되었다.

무엇보다도, 늘 새로운 주제 앞에서 주저하지 않고 직접 길을 내어 가시는 태도, 그리고 말없이 곁을 지켜 주신 묵직한 격려와 따뜻한 관심은 이 책을 끝까지 완성하는 데 상당한 힘이 되었다.

그 마음을 잊지 않으며, 이 책을 빌려 교수님께 깊은 감사를 전한다.

01
TTS 기술의 필요성과 의의

기계가 사람처럼 말할 수 있을까? TTS는 단순한 음성 기술을 넘어 인간 언어의 복잡함을 재현하려는 시도다. 기계의 목소리를 따라가며, 우리는 우리의 말하기를 다시 듣게 된다.

AI와 1인 창업?

TTS란 무엇인가

TTS, 즉 Text-to-Speech는 문자로 된 텍스트를 기계가 사람처럼 음성으로 변환해 읽어 주는 기술이다. 이는 사용자가 입력한 글이나 명령을 소리로 출력하는 음성 생성 기술로, 흔히 기계가 말한다고 표현된다. 기계는 입력된 문장을 분석하고, 언어적 특성을 반영해 자연스러운 음성을 실시간으로 생성한다. 그 음성은 미리 녹음된 것이 아니라 알고리즘을 통해 텍스트에 맞는 음향 패턴을 만들어 낸 것이다.

TTS 기술은 AI 비서나 안내 방송 같은 음성 기반 서비스의 핵심 요소로 자리 잡으며, 말하는 기계가 일상화된 사회로 우리를 이끌고 있다. 과거에는 주로 음성 합성(speech synthesis), 때때로 음성 생성(speech production)이라고 불렸지만, 최근에는 텍스트가 음성으로 변환되는 과정에 초점을 맞춘 용어인 TTS가 공식 명칭으로 더 자주 사용된다.

TTS는 기술의 구조와 결과를 동시에 보여 주며, 그것이 가지는 기능의 설명과 사용자의 경험을 아우르는 표현이다. 기술 발전과 함께 용어도 변화했다. TTS는 이제 단순히 소리를 만들어 내는 기술 개념을 넘어 사회적 맥락 속에서 작동하는 음성 인터페이스의 기반이 되었다.

오늘날 TTS는 단순히 음성을 들려주는 것을 넘어 인간의 말하기를 모방하고, 인간과 기계의 상호 작용 방식을 변화시키는 핵심 요소로 기능한다. 기계가 말하는 시대는 더 이상 막연한 미래가 아닌 도래한 현실이 되었다.

가까운 기술, 넓은 쓰임새

TTS는 갑자기 등장한 새로운 기술이 아니다. 우리는 이미 오랜 시간 동안 TTS와 함께 살아왔고, 그 존재를 자연스럽게 받아들여 왔다. 내비게이션의 길 안내 음성, 엘리베이터의 층 안내, 자동 응답 전화 서비스, 공항과 기차역의 반복 방송 멘트 등은 대부분 TTS 기술로 생성된 것이다.

이처럼 반복적이고 형식화된 음성 안내에 TTS가 널리 사용되는 이유는 명확하다. 사람의 도움 없이도 일관되고 정확하게 정보를 전달할 수 있기 때문이다.

스마트폰 속 음성 비서인 시리(Siri), 빅스비, 클로바, 구글 어시스턴트 등도 TTS를 통해 우리와 대화한다. 사용자의 명령이나 질문을 이해하고 답변을 인간의 말로 전달하는 것이 TTS의 역할이다. 단순한 질의응답을 넘어 자연스럽고 유연한 대화가 가능해지면서 인간과 기계 간 커뮤니케이션의 일상화를 이끌고 있다. 최근에는 운전 중 문자 메시지를 읽어 주거나 날씨를 알려 주는 AI 스피커의 음성도 TTS로 구성된다.

TTS는 우리가 인식하지 못하는 영역에서도 깊숙이 작동한다. 시각 장애인을 위한 스크린 리더는 웹 페이지나 문서의 텍스트를 음성으로 읽어 주어 사용자가 화면 정보를 귀로 들을 수 있게 한다. 또한 노인을 위한 안내 시스템, 어린이를 위한 교육용 앱, 외국어 학습 프로그램 등에서도 TTS가 널리 사용된다. 최근에 보급되어 활용되고 있는 어린이 동화 앱의 익숙한 목소리도 실제 성우가 아닌 TTS로 생성된 경우가 많다. 방송 현장에서도 AI 아나운서가 기상 정보나 짧은 속보를 전달하고, 콜센터에서는 TTS 기반의 상담 챗봇 음성이 실제 상담원처럼 전화를 받는다.

그렇게 하다 보니 사람의 목소리를 저장, 재현, 복원하는 기술은 고인의 생전 음성을 기반으로 한 인터뷰 영상을 제작하거나, 유명인의 목소리를 브랜드 음성으로 사용하는 것까지 가능해졌다. 콘텐츠 산업에서는 성우의 목소리를 복제해 게임 캐릭터, 오디오북, 광고 내레이션 등에 활용하기도 한다. 이는 목소리가 기록되고 복제될 수 있는 정보 단위가 되었음을 의미한다.

TTS는 기술을 넘어 사회 전반의 커뮤니케이션 방식과

감각 구조를 바꾸고 있다. 사람이 직접 말하지 않아도 되는 시대, 말소리의 생산 방식이 달라지는 시대, 우리는 그 변화의 중심에 서 있다. 기계가 말하는 시대는 더 이상 기술적 선언이 아닌 일상을 설명하는 말이 되었다.

이름이 달라지는 기술, 의미가 달라진 목소리

앞서 TTS는 오늘날 널리 쓰이는 표현이며, 과거에는 음성 합성이나 음성 생성으로 불렸다는 점을 언급했다. 이는 TTS에 관한 과거의 기술이 소리 조합 방식이나 발화 과정 시뮬레이션에 초점을 맞춘 기술적 수준이었지만, 최근에는 사용자 입장에서 텍스트를 음성으로 변환하는 과정을 강조하는 TTS가 더 널리 사용되었다는 의미다.

최근에는 TTS 기술을 가리키는 또 다른 새로운 이름들이 등장하고 있다. 예를 들어, AI 보이스(AI Voice)는 인공지능이 인간처럼 문장을 해석하고, 감정이나 말투를 반영해, 말하는 존재를 흉내 낸다는 점을 강조한다. 말 자체보다 말하는 주체의 변화를 담아낸 용어다. 실제 최근의 딥 러닝 기반 TTS는 문맥까지 고려해 자연스러운 음성을 생성할 수 있게 되었고, 사람들은 단순히 기계가 말한다고 하는 수준을 넘어 AI가 말한다고 인식하게 되었다.

한편, 디지털 보이스(Digital Voice)라는 이름도 등장했다. 이는 콘텐츠 제작 및 상업적 활용 맥락에서 자주 등장한다. 한번 녹음하거나 학습한 음성을 디지털화해 언제든지 새로운 문장을 원래 화자 스타일로 생성할 수 있게 되면서, 음성 콘텐츠 제작 방식이 변화했다. 특정 화자의 목소리를 브랜드화하거나 디지털 유산으로 등록해 상업적으로 보호하는 사례도 나타나고 있다.

또 다른 표현으로, 가상 보이스(Virtual Voice)도 있다. 이는 메타버스, 캐릭터 산업, 인공지능 서비스에서 사용된다. 말투, 억양, 감정 표현을 포함한 말하기 스타일이 캐릭터의 정체성을 구성하는 중요한 요소가 되면서, 가상 아이돌, AI 성우, 디지털 휴먼 등 실제 존재하지 않는 인물의 목소리를 구현하는 데 사용된다.

이처럼 새롭게 등장한 다양한 용어, AI 보이스, 디지털 보이스, 가상 보이스 등은 TTS 기술의 진화와 사회적 수용 태도에 변화가 발생했음을 보여 준다. 단순히 기술 작동 방식을 설명하던 용어에서 기술의 수용 방식과 의미를 표현하는 이름으로 변화한 것이다. 합성이나 생성이 기술 중심적인 시각이었다면, AI, 디지털, 가상은 기계가 실재하는 주체처럼 말한다는 인식, 그리고 그것이 담아낼 가치를 담고 있다.

많은 경우, 기술의 이름은 단순한 기능 설명을 넘어 그 기술이 사회에 수용되는 방식까지 비춰 주는 창이 된다. TTS는 이제 단순히 말하는 기계가 아닌, 관계를 맺고 감정을 표현하는 존재로 다가오고 있다. 목소리에 의미가 담기고, 기술에 정체성이 부여되는 시대, 우리는 더 이상 목소리를 단순한 소리로 듣지 않게 되었다.

기술의 진보, 자연스러움을 향한 집요한 시도

TTS 기술은 초기에는 음소 또는 음절 단위의 연결 방식으로 작동했다. 그래서 해당 기술을 영어로는 concatenative synthesis, 즉 '연결되는 합성 방식'이라고 한 것이다. 이 방식은 발음의 정확도를 어느 정도 높였지만, 억양이 단조롭고 감정이 없으며 말의 흐름이 부자연스러웠다. 기계 특유의 차가운 톤과 반복되는 리듬은 인간과 구분되는 가장 큰 특징이었다.

그러나 2010년대 후반부터 등장한 딥 러닝 기반의 음성 합성 모델은 TTS의 세계를 크게 변화시켰다. 구글의 타코트론(Tacotron), 패스트스피치(FastSpeech), VITS (Variational Inference with adversarial learning for Text-to-Speech) 등은 대규모 음성 데이터를 학습해 문장의 높낮이, 길이, 감정 흐름 등을 파악하고 재현하는 능력을 갖추게 되었다. TTS는 이제 텍스트를 읽는 것을 넘어 문맥, 문장 유형, 감정적 색채를 고려해 어떻게 말할 것인가를 표현하는 기술로 진화했다.

최근의 기술은 사용자 맞춤형 음성을 만들 수 있을 정도로 정교해졌다. 사용자는 말투나 말의 속도를 직접 조절하거나 여러 스타일 중 하나를 선택할 수 있다. 감정을 담은 TTS도 고도화되어 기본 정서는 물론 문맥 기반의 미묘한 분위기까지 반영하려는 시도가 이어지고 있다.

이른바 '화자 스타일 복제 기술'이라는 것이 있다. 영어에서는 이를 'speaker adaptation'이라고 한다. 이 기술은 짧은 음성 샘플만으로 특정 화자의 말투와 억양을 학습해 그 사람처럼 말하게 만들 수 있다. 성우의 음성 데이터베이스(DB)를 기반으로 게임 캐릭터에 적용하거나 고인의 목소리를 복원해 다큐멘터리 영상에 삽입하는 사례가 등장하고 있다. 이 기술은 감정 표현뿐 아니라 화자 고유의 리듬, 쉼, 톤까지 반영해 좀 더 사람다운 말소리에 접근하고 있다.

하지만 TTS는 아직 완벽하게 사람처럼 말한다고 하기에는 부족한 점이 적지 않다. 인간의 목소리는 정보 전달뿐 아니라 관계 맺기, 감정 표현, 사회적 맥락 구성 등 말하는 행위 전체를 구현한다. 기술이 아무리 정교해져도 상황의 맥락을 해석하고 화자의 의도를 느끼는 감각은 여전히 인간 고유의 영역이다.

그럼에도 TTS는 끊임없이 자연스러움이라는 기준에 도전하고 있다. 이제 문제는 단순한 음성 품질 개선이 아닌, 인간과 구별되지 않게 말하고 적절한 타이밍과 방식으로 말을 건넬 수 있는지에 달려 있다. 이 기술의 진보는 결국 목소리를 더 깊이 이해하려는 시도이며, 그 과정에서 인간 언어의 복잡함을 새삼 확인하게 된다.

그러나 여전히 다르다: TTS가 마주한 언어라는 장벽

최신 TTS 음성은 대부분의 사람들에게 자연스럽게 들리지만, 기계의 목소리와 인간의 목소리 사이에는 여전히 미묘하고 결정적인 차이가 존재한다. 이 차이는 감정 표현 부족이나 억양의 단조로움 같은 인상 차원이 아닌, 언어의 세부 구조를 다루는 방식에서 비롯되는 깊은 문제다.

가장 눈에 띄는 부분은 분절음 차원의 음운 현상 처리다. 인간의 발화에서는 두 음절이 연결되며 다양한 변형이 일어나지만, TTS는 이러한 복합적이고 조건부적인 음운 변화를 일관되게 처리하지 못하거나 불필요한 변화를 일으켜 기이한 발음을 만들어 내는 경우가 있다. 외래어나 숫자 처리에서의 혼란은 더욱 뚜렷하다.

이러한 문제는 기술 부족보다는 언어의 예외와 다양성을 기계가 예측하기 어렵기 때문이다. 인간은 문장의 흐름, 상황적 맥락, 사회적 규범까지 고려해 적절한 발음을 선택하지만, TTS는 여전히 규칙화된 예외를 다루는 데 취약하다. 특히 한국어처럼 음운 현상이 풍부하고 표기와 발음이 불일치한 경우가 많은 언어에서는 이러한 한계가 더욱 두드러진다. 한자의 독음을 표기에서 유지하는 특성은 단어의 의미를 파악하는 데 용이하지만 다양한 소리를 만들어 내는 데에 어려움이 발생하는 반작용도 생성했다.

운율 요소인 길이, 높이, 세기 같은 초분절적 특성도 여전히 완전하게 구현되지 못한다. 인간은 강조하고 싶은 단어에 힘을 주거나 길게 끌고, 중요하지 않은 단어는 빠르게 흘려보내지만, TTS는 전체 문장을 평균적으로 처리하거나 단어별 강조를 적절히 반영하지 못해 평탄하고 인위적인 억양을 만들어 내는 경우가 많다. 감정 표현 역시 아이러니, 당혹감, 애매함처럼 미묘한 감정 상태는 여전히 어렵다.

실제 TTS 시스템과 사람의 발화 데이터를 비교 분석

한 연구 결과, 발화 속도 등과 같은 기본적 운율 요소에서도 명확한 차이가 나타난다. 인간의 말은 문장 전체의 구조와 의미 흐름에 따라 동적으로 속도를 조절하지만, TTS는 대부분 일정한 박자로 진행되거나 억양이 반복되는 패턴에 빠지는 경향을 보인다.

이러한 차이점은 기술의 사소하거나 우연한 오류가 아닌, 언어라는 복합적 행위를 구현하는 데 본질적인 간극을 드러낸다. 기계는 말소리를 만들 수 있지만, 아직 상황에 맞게 적절하게 말하는 능력을 완전히 갖추지 못했다. 발화는 단순한 음성 신호가 아닌 사회적 맥락 속에서 말의 무게와 의도를 조절하는 능동적 행위이기 때문이다. TTS의 목소리에서 어색함을 느끼는 이유는 바로 그 적절함의 부재를 직관적으로 감지하기 때문이다.

인간의 언어를 다시 듣는다는 것

기계가 사람처럼 말하려는 기술을 살펴보는 일은 단순히 기술 발전을 따라가는 것이 아니다. 오히려 그 과정을 통해 사람의 목소리와 언어가 인간다움을 만들어 내는 방식에 대해 새롭게 질문하게 된다. 즉, TTS 기술은 인간의 언어를 더 잘 이해하기 위한 거울이 된다.

우리는 말의 내용 자체를 정보 전달의 핵심 요소로 생

각하지만, 실제 대화에서는 말의 내용보다 말투, 리듬, 억양, 감정, 멈춤, 강조, 태도와 분위기가 더 중요한 경우가 많다. 같은 문장이라도 말하는 방식에 따라 의미가 완전히 달라진다. 이런 미묘한 층위를 우리는 언어의 초분절적 특징을 통해 자연스럽게 구별한다.

기계가 점점 더 사람처럼 말하게 되면서 자연스러운 말이란 무엇인지 다시 묻게 된다. 단어와 문장이 정확하다고 해서 자연스럽다고 느껴지는 것은 아니다. 자연스러움은 말의 맥락과 감정이 정확히 어우러질 때 형성되는 감각적인 신호다. 하지만 TTS는 아직 인간의 말하기를 완전히 구현하지 못한다. 목소리가 담고 있는 정체성과 상황적 뉘앙스를 기술적으로 전환하는 일은 매우 복잡한 문제다.

목소리는 단순한 음성이 아닌 그 사람의 정체성을 나타내는 신체적이고 사회적인 표현이다. 우리는 누군가의 목소리를 통해 나이, 성별, 성격, 감정 상태, 삶의 태도까지 읽어 낸다. 목소리를 잃는 것은 자신의 정체성과 존재감을 표현할 수 없게 되는 일이기도 하다. TTS 기술이 목소리를 흉내 내는 순간, 우리는 단순히 기계가 말한다는 것 이상의 감각적 반응을 하게 된다.

이때 '불쾌한 골짜기(Uncanny Valley)'라는 개념이 등장한다. 기계가 인간과 아주 비슷하게 행동하거나 말할 때, 사람들은 미묘한 불편함을 느낀다. 이는 인간과 거의 흡사하지만 동일하지는 않은 것에 대한 직관적 반응이다. TTS의 목소리도 마찬가지다. 지나치게 완벽한 인공 음성은 오히려 부자연스럽고 섬뜩하게 느껴지기도 한다. 그 미세한 다름은 기술의 한계에서 비롯되지만, 인간 언어의 깊이와 풍부함을 드러내는 단서이기도 하다.

이 책은 인간과 기계의 목소리가 거의 비슷하지만 같지 않은 지점에 주목하고, 그 차이를 통해 언어의 본질을 다시 묻는다. TTS는 점점 더 정교해지고 있지만, 우리는 여전히 기계의 목소리를 통해 인간 언어의 섬세함, 복잡함, 관계성, 맥락성을 깨닫게 된다.

이 책은 기술의 진보에 감탄하면서도 그 기술이 재현하지 못한 인간의 말하기를 되돌아보게 만드는 일종의 언어의 다시 듣기다. 기계의 말소리를 분석하는 일은 곧 우리 자신의 말하기를 새롭게 듣는 작업이다. 우리가 무심코 흘려보내던 말들 속에는 상상 이상으로 복잡하고 섬세한 구조가 담겨 있다. TTS는 그 구조에 닿기 위해 애쓰는 기술이며, 그 애씀은 인간 언어에 대한 경탄으로 이어진다.

02
TTS 기술의 작동 원리

기계가 말하려면, 문자를 말소리로 바꾸는 복잡한 절차가 필요하다. TTS는 텍스트 분석에서부터 음운 변환, 운율 설계, 음향 생성에 이르기까지 네 단계를 거친다.

AI와 MBTI?

TTS 시스템은 무엇으로 이뤄져 있는가

기계가 글자를 읽는다는 것은 단순히 문자 하나하나를 소리로 바꾸는 작업을 의미하지 않는다. 우리가 누군가에게 말을 걸 때를 떠올려 보자. 우리는 무의식적으로, 그러나 매우 정교하게 단어를 선택하고, 적절한 억양과 속도, 멈춤의 타이밍을 조율한다. 말은 단순한 정보 전달이 아니라, 맥락과 감정을 담는 행위이며, TTS 기술은 이 복잡한 말하기 과정을 기계가 대신 수행하도록 설계된 체계다.

'TTS(Text-to-Speech) 시스템은 일반적으로 두 부분으로 구성된다. 먼저 프론트엔드(front-end)는 입력된 텍스트를 전처리하고 분석하여, 발음 정보, 문장 구조, 억양 패턴 등 언어적 특징을 추출한다. 이 과정에서는 형태소 분석, 음소 변환, 운율 예측 등이 포함된다.

이어지는 백엔드(back-end)는 앞 단계에서 만들어진 언어 정보를 실제 음성 신호로 변환한다. 과거에는 규칙 기반 합성 방식이 주로 사용되었지만, 최근에는 딥 러닝 기반 음성 합성 모델이 도입되면서 좀 더 자연스럽고 사람 같은 목소리를 만들어 낼 수 있게 되었다.

결국 사람이 듣게 되는 음성은, 텍스트에 내포된 언어적 구조와 의미를 분석하고 해석한 뒤, 이를 디지털 신호로 실현한 결과물이라 할 수 있다.

좀 더 구체적으로 말하면, TTS는 다음과 같은 네 단계로 작동한다. 첫 번째는 텍스트 분석 단계로, 문장 내 숫자나 기호, 약어 등을 포함한 복잡한 표현들을 사람이 말할 수 있는 구조로 정리한다. 두 번째는 음운 변환 단계로, 정제된 텍스트를 실제 발음 단위인 음소로 바꾸는 작업이다. 이어지는 세 번째는 운율 생성 단계로, 말의 리듬과 억양, 멈춤과 강조를 설계해 좀 더 사람 같은 발화의 기반을 마련한다. 마지막 네 번째 단계는 음성 파형 생성으로, 앞선 모든 정보를 바탕으로 최종 음향 신호를 만들어 내는 작업이다.

이러한 절차는 모두 자동화되어 있으며, 그 안에는 언어학, 음성 공학, 그리고 최신 인공지능 기술이 복합적으로 얽혀 있다. 말은 언뜻 보면 자연스럽고 단순한 행위처럼 보이지만, TTS 기술을 통해 구현되는 과정은 정교한 계산과 판단의 연속이다. 이 장에서는 그 각각의 단계를 하나씩 살펴보며, 기계가 사람처럼 말한다는 말이 실제로 어떤 과정을 통해 가능해지는지를 구체적으로 들여다보려고 한다.

텍스트 분석: 문자 너머의 의미를 읽다

기계가 말을 하기 위해서는 먼저 텍스트를 이해해야 한다. 겉보기에는 문자만 입력되었을 뿐이지만, 사람이 그 문장을 읽을 때는 단순히 철자를 따라가는 것이 아니라, 의미를 파악하고 상황에 맞게 소리를 조절한다. TTS 시스템에서 텍스트 분석은 바로 이 인간의 언어 감각을 기계가 흉내 내기 위한 첫 관문이다.

텍스트 분석 단계에서 가장 먼저 수행되는 작업은 텍스트 정규화다. 일상 언어에는 숫자, 약어, 기호, 날짜 표현처럼 문자 그대로 읽으면 어색하거나 잘못 전달될 수 있는 표현들이 많다. 예컨대 "10:30"이라는 시간 표기를 TTS가 '일공 콜론 삼공'이라고 읽는다면, 그것은 소리이긴 해도 '말'이 되지 못한다. 사람이 자연스럽게 읽듯이 '열 시 반'이라고 발화되기 위해서는, 기계가 텍스트의 의미를 해석하고, 그것이 어떤 상황에서 어떻게 말로 전환되어야 하는지를 판단해야 한다. 이 과정은 흔히 '10시 30분 → 열 시 삼십 분 → 열 시 반'과 같이 여러 단계의 변환을 거치며, 단순한 문자 치환이 아니라 맥락에 기반한 의미 판단이 요구되는 일이다.

그다음에는 문장 구조 분석이 이뤄진다. 이는 TTS 시스템이 문장의 경계를 파악하고, 단어 간의 관계를 분석해 자연스럽게 읽어 내는 데 필수적인 과정이다. 이때 문장 부호는 단순한 기호 이상의 역할을 한다. 쉼표나 마침표는 발화의 멈춤, 억양의 변화, 강조의 위치 등에 대한 중요한 힌트를 제공하며, 이러한 요소는 문장의 리듬과 이해도에 직접적인 영향을 미친다.

예를 들어, "나는 철수와 영희를 찾았다"라는 문장을 보자. 이 문장은 단순해 보이지만, 실제로는 두 가지 방식으로 해석될 수 있다. 하나는 '철수와 영희 두 사람을 내가 찾았다'는 의미고, 다른 하나는 '철수와 내가 함께 영희를 찾았다'는 의미다.

사람은 문맥이나 상황에 따라 어떤 의미인지 자연스럽게 판단하지만, TTS 시스템은 그런 배경지식이 없기 때문에 문장의 구조적 단서만으로 억양, 끊어 읽기, 강조 위치 등을 결정해야 한다. 이를 위해 문장 분리, 품사 태깅, 구문 분석 등의 기술이 활용되며, 나아가 누가 무엇을 했는가를 파악하는 의미역 분석까지 요구된다.

또 다른 예로, "나는 민지가 좋아하는 드라마를 싫어한다"처럼 감정 표현이 엇갈리는 문장은, 누가 무엇을 좋아하고 싫어하는지를 명확히 구분해야만 의미가 정확하게 전달된다. 이런 문장에서 주어와 목적어의 구조, 수식 범위, 감정 표현의 주체 등을 정확히 파악하지 못하면, 말의 억양이 어색해지고 의도한 의미와 전혀 다른 메시지를 줄 수도 있다.

또한 텍스트 분석은 문장의 의미와 감정을 파악하는 데까지 확장된다. "참 잘했어요"라는 문장은 말하는 사람의 의도에 따라 칭찬일 수도 있고, 반어일 수도 있다. 사람은 말투와 상황을 통해 그 차이를 직관적으로 알 수 있지만, 기계는 이를 위해 다양한 언어적 힌트를 추출해내야 한다. 단어의 조합, 문장의 흐름, 문장 부호, 앞뒤 맥락 등은 모두 그 힌트가 될 수 있다. 이처럼 감정 표현이나 반어적 의미는 텍스트 내부에 직접 드러나지 않기에, 기계에게는 특히 어려운 과제다.

결국 텍스트 분석은 단순히 문자를 읽는 것이 아니라, 말로 바꿀 수 있는 구조로 텍스트를 재구성하는 일이다. 이 과정은 TTS 전체 시스템의 기반을 이루는 핵심 단계이며, 언어와 기계가 처음으로 만나는 지점이기도 하다. 여기서의 판단이 부정확하면, 아무리 뒤에서 자연스럽게 말해도 어색한 결과가 나오기 쉽다. TTS가 진짜 사람처럼 말하려면, 기계는 먼저 문자 너머에 숨겨진 '의미'를 읽을 줄 알아야 한다.

음운 변환: 글자에서 소리로

문자의 의미를 파악했다고 해서 곧바로 말할 수 있는 것은 아니다. 텍스트를 진짜 음성으로 바꾸기 위해서는, 글자를 실제로 들리는 소리의 흐름, 즉 발음 단위로 전환하는 과정이 필요하다. 이 작업을 우리는 음운 변환(Grapheme-to-Phoneme conversion, G2P)이라고 부른다.

예를 들어, '독립'이라는 단어를 생각해 보자. 표기로는 'ㄷ-ㅗ-ㄱ-ㄹ-ㅣ-ㅂ'의 조합이지만, 실제 발음에서는 [동닙]처럼 들린다. 이 과정에는 음절 말 위치의 장애음 'ㄱ'이 비음 'ㄴ' 앞에서 [ㅇ]으로 바뀌는 비음화, 그리고 유음 'ㄹ'이 아닌 환경에서 뒤따르는 'ㄹ'이 유지되지 않고 앞의 [ㅇ]의 영향을 받아 비음 [ㄴ]으로 동화되는 현상이 함께 작동한다. 만약 이를 기계적으로 '독립' 그대로 [독립]이라고 발음한다면, 그것은 소리이긴 해도 자연스러운 말은 되지 못한다. 사람들은 흔히 그런 인위적인 발음을 '로봇 같다'고 표현한다.

이처럼 겉으로 보이는 철자와 실제 소리가 반드시 일치하지 않는다는 것, 이것이 바로 음운 변환의 출발점이다.

이러한 변환은 글자의 단위(자소)를 그대로 음성으로

바꾸는 것이 아니라, 실제 발음 단위인 '음소(phoneme)'로의 전환을 의미한다. 이 음소들은 말소리의 최소 단위로, 정확한 전달을 위해서는 표기와 구분되는 음운적 처리 과정이 반드시 필요하다.

더욱 복잡한 문제는 음운 현상에서 발생한다. 사람은 연음, 유음화, 경음화, 비음화 같은 소리 변화 규칙을 무의식적으로 적용하며 말을 한다.

예컨대 "물냉면을 하려고 면을 삶았다"라는 문장에서 '물냉면'은 실제로 [물랭면]으로, '삶았다'는 '살맏따~살마따'로 발음된다(물결표는 두 발음 모두 통용된다는 표기). 각각 유음화와 연음이 적용된 결과다. 또한 "국밥을 국물까지 다 먹었다"라는 문장에서 '국밥'은 [국빱]으로, '국물'은 [궁물]로 발음되는데, 이는 각각 경음화와 비음화가 일어난 경우다.

이런 발음은 자연스럽고 익숙하지만, 기계는 이러한 규칙을 스스로 알지 못한다. TTS 시스템은 이런 현상들을 규칙의 형태로 정리한 다음, 어떤 조건에서 어떤 변화를 적용할지를 정교하게 계산해야 한다. 게다가 이러한 규칙은 단순하지 않다. 상황에 따라 다르게 작동하거나, 예외가 많기 때문이다.

외래어나 고유명사, 약어 등은 더욱 까다롭다. 예컨대

'Samsung'을 [삼성]으로 정확하게 읽는 것은 당연한 듯 보이지만, 만약 기계가 이를 [샘숭]이라고 발음한다면 사용자 경험은 달라진다. 비슷한 문제는 'Hyundai'에서도 나타난다. 한국어 화자는 이를 자연스럽게 [현대]로 인식하지만, 기계가 영어식으로 [하이언다이] 또는 [휸다이]라고 발음할 경우, 그 맥락에서 부자연스럽고 어색하게 들릴 수 있다. 이런 발음 문제를 해결하려면, 잘 구축된 발음 사전이 필요하며, 때로는 음운 규칙 이상의 언어적 맥락 이해도 요구된다.

비슷한 문제는 관용 표현에서도 발생한다. 예컨대 '3D 프린터'라는 표현은 표기만 보면 [삼디]라고 읽을 수도 있지만, 실제 산업 현장이나 대중 언어에서는 [쓰리디]라는 발음이 훨씬 자연스럽게 받아들여진다. 실제로 문재인 대통령이 [삼디] 프린터라고 발언했다가 현장을 모른다는 비판을 받았던 사례는, 언어 표현의 문맥과 관습을 무시한 발음이 얼마나 부자연스럽게 들릴 수 있는지를 잘 보여 준다. 기계가 이러한 문맥적 사용 양식을 고려하지 않고 문자 그대로 발음한다면, 자연스러움은 물론 신뢰감까지 손상될 수 있다.

언어에 따라 음운 변환의 난이도는 달라진다. 한국어는 표기와 실제 발음 사이에 차이가 발생하는 경우가 많으며, 특히 한자어의 표기와 독음 사이의 불일치로 인해 G2P 처리가 쉽지 않은 편이다. 반면, 일본어는 히라가나나 가타카나와 같은 음절 문자 체계를 사용하여 표기와 발음의 일치도가 높아, 음운 변환이 비교적 단순하다.

이처럼 언어마다 G2P의 전략과 난이도가 달라지므로, 다국어 TTS 시스템에서는 각 언어의 특성에 맞는 정교한 설계가 필요하다.

최근에는 이러한 음운 변환도 딥 러닝 기반의 방식으로 처리하는 경향이 늘고 있다. 대규모 텍스트-음성 데이터를 학습한 모델은 일일이 규칙을 지정하지 않아도 스스로 패턴을 학습해 적절한 발음을 생성할 수 있다. 그러나 이 방식 역시 완벽하지는 않다. 새로운 단어에 대한 대응, 문맥에 따른 정확한 선택, 복합 음운 현상 처리 등에서는 여전히 오류가 발생하며, 규칙 기반 접근과의 하이브리드 방식이 병행되기도 한다.

결국 음운 변환은 텍스트를 말로 바꾸는 가장 기본적이면서도 핵심적인 단계다. 이 과정이 어긋나면, 이후 아무리 자연스러운 억양과 고급 음성 합성이 더해지더라도, 기초 발음이 잘못된 음성은 사람의 귀에 쉽게 어색하게 들릴 수밖에 없다. 그만큼 TTS에서 음운 변환은 말이 되기 위한 첫 관문이라고 할 수 있다.

운율 생성: 말에 생명을 불어넣는 요소

기계가 단어를 정확히 발음한다고 해서 그것이 곧 자연스러운 말이 되지는 않는다. 사람이 말을 할 때는 의미에 맞게 억양을 조절하고, 말의 속도를 바꾸며, 때로는 멈추고 강조하며, 발화를 입체적으로 구성한다. 같은 문장을 말하더라도, 화자의 감정이나 맥락에 따라 전혀 다른 느낌을 줄 수 있다. TTS가 사람처럼 말하기 위해 반드시 넘어서야 할 다음 관문은 바로 이 운율의 구현이다.

예를 들어, 앞에서도 언급한 "참 잘했어요"라는 문장을 떠올려 보자. 이 문장은 칭찬으로도, 반어로도 말할 수 있다. 그 차이를 만들어 내는 건 단어가 아니라 어떻게 말하느냐다. 음높이(pitch)의 흐름, 특정 단어를 길게 끄는 길이(duration), 발화 사이의 멈춤(pause) 같은 요소들이 조합되어 감정과 태도를 구성한다. TTS는 이러한 초분절적 요소를 적절히 설계해야만 사람의 말소리를 흉내 낼 수 있다.

초기의 TTS 시스템은 이런 운율을 정형화된 규칙에 따라 생성했다. 문장의 끝이 평서문이면 내려가고, 의문문이면 올라가고, 쉼표가 있으면 멈추는 식의 단순한 운율 패턴이 전형적이었다. 하지만 이 방식은 너무 기계적이었다. 말다움을 살리기에는 너무 경직되어 있었고, 복잡한 문장이나 감정을 표현하는 데에는 한계가 명확했다.

최근에는 딥 러닝 기반의 TTS가 등장하면서 운율 생성의 방식에도 큰 변화가 일었다. 대규모 화자 음성을 학습한 신경망은 문장의 구조나 문맥, 단어 간의 관계, 그리고 감정의 흐름까지 스스로 학습할 수 있게 되었다. 이를 통해 훨씬 더 자연스럽고 유연한 운율이 가능해졌다. 특히 패스트피치(FastPitch), 타코트론 2(Tacotron 2), VITS 같은 모델은 운율 정보를 음향 특성과 함께 통합적으로 생성하면서, 이전 방식으로는 구현할 수 없었던 인간적인 말하기의 리듬을 복원할 수 있게 됐다.

그럼에도 운율 생성은 여전히 TTS에서 가장 민감하고 어려운 과제로 남아 있다. 긴 문장에서 운율이 점점 평평해지거나, 감정을 담으려다가 오히려 과장된 억양이 나오는 경우도 있다. 특정 단어를 강조해야 할 상황에서도 모든 단어가 똑같은 비중으로 발화되면, 듣는 이는 기계 특유의 '평평함'을 직감적으로 느끼게 된다. 사람은 중요하지 않은 말은 흘려보내고, 중요한 단어는 조금 더 무겁게 말한다. 기계는 그 '무게 조절'을 아직 충분히 구현하지 못한다.

운율은 말의 생명력이다. 억양과 리듬이 부여될 때,

비로소 말은 텍스트를 넘어 '소통'의 차원에 도달한다. TTS가 사람처럼 말하기 위해 반드시 배워야 할 기술이 있다면, 그것은 언어가 아니라, 운율이라는 감각일지도 모른다.

음성 파형 생성: 기술이 소리를 빚는 방식

말을 어떻게 할 것인지에 대한 준비가 모두 끝났다고 해도, 그것만으로는 아직 아무 소리도 나지 않는다. 의미를 해석하고 발음을 정하고 억양을 입혔다고 해도, 사람의 귀에 들리는 실제 소리로 바꾸는 과정이 없다면 그것은 여전히 말이 아닌 코드에 불과하다. 이 마지막 단계가 바로 음성 파형 생성이다.

TTS 시스템에서 음성 파형 생성은 앞 단계에서 설계된 모든 언어 정보를 바탕으로, 사람이 들을 수 있는 디지털 음향 신호를 만들어 내는 작업이다. 이때 생성된 신호는 공기의 진동을 전기적으로 모방한 형태로, 마치 사람의 성대와 구강 구조가 만들어 내는 소리처럼 들리도록 설계된다. 다시 말해, 이 단계는 말하기를 소리내기로 바꾸는 순간이다.

음성 파형을 생성하는 방식은 TTS 기술의 역사와 함께 발전해 왔다. 초기에는 포먼트 합성(formant synthesis) 방식이 사용되었다. 이는 인간 발화의 소리 구조를 수학적으로 모델링해, 조음 기관의 움직임을 시뮬레이션한 것이다. 이 방식은 매우 작은 데이터만으로도 음성을 생성할 수 있어 자원 효율성이 높았지만, 음색이 인공적이고 감정이나 억양 표현이 제한적이라는 단점이 있었다.

그다음 등장한 방식은 연결 합성(concatenative synthesis)이다. 이 방식은 실제 사람이 녹음한 음성을 작은 조각[보통 음절 단위나 다이폰(diphone, 두 소리가 이어지는 부분) 단위]으로 분할해 저장한 후, 필요한 조각들을 이어 붙여 문장을 구성한다. 이 방식은 포먼트 합성보다 훨씬 자연스럽고 사람 같은 소리를 만들어 낼 수 있었지만, 데이터베이스에 없는 발화는 만들 수 없다는 제약이 있었다. 예를 들어, 특정 화자의 목소리로 새로운 문장을 만들고 싶어도, 필요한 조각이 데이터에 없다면 자연스러운 연결이 불가능했다.

이후에는 통계 기반의 음성 합성이 등장했다. 대표적으로 HMM(Hidden Markov Model, 은닉 마르코프 모델)을 기반으로 한 방식은, 음성의 여러 특성을 통계적으로 예측해 생성하는 접근이다. 음질은 다소 부드럽고 인공적인 느낌이 있었지만, 비교적 적은 양의 데이터로 다양한 문장을 생성할 수 있다는 점에서 실용성이 높았다.

그러나 오늘날 TTS의 중심에는 단연 딥 러닝 기반의 음성 파형 생성 기술이 자리 잡고 있다. 대표적으로 구글 딥마인드(DeepMind)의 웨이브넷(WaveNet)은 기존 방식과는 차원이 다른 자연스러움을 보여 주며 큰 반향을 일으켰다. 이 모델은 음향 신호의 파형을 샘플 단위로 직접 생성하며, 인간의 말소리와 거의 구별되지 않는 품질을 구현해 냈다.

이어 등장한 타코트론 2, 패스트스피치(FastSpeech), VITS 등의 모델은 웨이브넷 이후의 구조를 확장하며, 음향 모델과 파형 생성 모델을 분리하거나 통합하는 방식으로 진화했다.

예를 들어 타코트론 2는 스펙트로그램을 예측한 뒤 웨이브넷으로 파형을 복원하고, 패스트스피치는 이를 병렬화해 빠르게 처리하며, VITS는 스펙트로그램 중간 단계 없이, 텍스트에서 음성 파형까지 엔드투엔드(end-to-end)로 직접 생성하는 구조를 채택해, 합성 품질과 처리 속도 모두에서 뛰어난 성능을 보여 주고 있다.

또한 최근의 모델들은 단순히 텍스트를 소리로 바꾸는 데 그치지 않고, 감정 표현까지 가능한 방향으로 진화하고 있다.

예컨대 동일한 문장을 기쁨, 분노, 슬픔 등 다양한 억양으로 바꿔 합성하는 시도들이 실제로 이뤄지고 있으며, TTS 기술이 점차 소리의 표현력을 확보해 가는 단계에 들어섰다는 평가도 나온다.

하지만 여전히 음성 파형 생성은 TTS에서 가장 민감하고 어려운 과제로 남아 있다. 긴 문장에서 운율이 점점 평평해지거나, 감정을 담으려다가 오히려 과장된 억양이 나오는 등의 문제가 여전히 발생한다.

앞 단계에서 아무리 정교하게 발음과 운율을 설계하더라도, 이 단계에서 생성된 음성이 자연스럽지 않다면 전체 말소리가 어색하게 들릴 수 있다.

반대로, 기본 설계에 약간의 미흡함이 있어도 최종 음성이 매끄럽게 생성되면 청자는 그 차이를 거의 인지하지 못한다.

그만큼 이 마지막 단계는 TTS 전체의 완성도를 결정짓는 핵심 지점이 된다.

통합 모델: 엔드투엔드 TTS의 등장

TTS 기술은 오랫동안 텍스트 분석, 음운 변환, 운율 생성, 음성 합성이라는 단계적 파이프라인 구조를 따랐다.

각 단계는 기능적으로 분리되어 있었고, 각각 독립적으로 설계되고 학습되어야 했다. 이 방식은 구조가 명확하다는 장점이 있지만, 그만큼 복잡하고 비효율적이며, 오류가 누적될 가능성도 높았다. 앞 단계에서 발생한 작은 문제는 뒤로 갈수록 커져 전체 음성 품질에 악영향을 미치기도 했다.

이러한 문제를 해결하기 위해 등장한 것이 바로 엔드투엔드(end-to-end) 방식이다. 말 그대로, 처음부터 끝까지 하나의 모델이 통합적으로 처리하는 구조다. 이 모델은 텍스트 입력부터 음성 출력까지의 전 과정을 하나의 흐름으로 학습하며, 각각의 세부 단계를 따로 설계하거나 관리할 필요가 없다. 기계는 그 흐름 안에서 스스로 말하는 방식을 익혀 나간다.

대표적인 엔드투엔드 모델로는 구글의 타코트론 시리즈가 있다. 이 모델은 텍스트를 받아, 중간 단계로 음성의 기본 뼈대라고 할 수 있는 스펙트로그램을 만든 뒤, 이를 다시 음성으로 바꾸는 방식이다. 음성 합성 과정이 두 단계로 나뉘어 있지만, 전체적으로는 하나의 통합된 흐름 안에서 작동하기 때문에, 사람의 말소리처럼 자연스럽고 유려한 음성을 생성할 수 있다. 이후 등장한 패스트스피치는 이 과정을 더욱 빠르게 처리할 수 있도록 개선되었고, VITS는 목소리의 질감과 감정 표현을 한층 더 섬세하게 다룰 수 있게 되었다.

특히 VITS는 음성의 리듬, 억양, 감정 같은 말하기의 요소들을 보다 유기적으로 통합해 내는 모델이다. 목소리가 더 부드럽고 유연해졌으며, 상황이나 맥락에 따라 다르게 들리는 말투를 자연스럽게 만들어 낼 수 있게 되었다. 같은 문장이라도 말하는 방식에 따라 느낌이 달라지는 인간의 언어 특성이 점차 기계의 말에도 반영되기 시작한 것이다.

이러한 통합 모델들은 기존 파이프라인 방식에 비해 훨씬 자연스럽고 일관된 발화를 생성할 수 있다. 발음 방식, 운율, 억양 같은 다양한 말하기 요소들이 하나의 흐름 속에서 함께 고려되기 때문에, 전체적인 음성 흐름이 더 부드럽고 사람 같은 느낌을 준다. 예를 들어 같은 문장이라도 화자의 감정이나 문맥의 흐름에 따라 억양이 미묘하게 달라지는 말소리를 구현할 수 있다.

물론 엔드투엔드 방식에도 한계는 존재한다. 모델이 워낙 크고 복잡하다 보니, 일부분만 따로 수정하거나 조정하기가 쉽지 않다. 특정 단어의 발음을 고치고 싶어도 그 단어만 따로 손보는 것이 아니라 전체 모델을 다시 학습시켜야 할 수도 있다. 또한 학습에 사용된 음성 데이터의 품질에 민감하게 반응하기 때문에, 잡음이나 발화 습관 같은 오류가 그대로 출력에 드러나는 경우도 있다.

그럼에도 불구하고, 엔드투엔드 방식은 TTS 기술의 방향을 근본적으로 바꿔 놓았다. 이제 TTS는 단순한 단계 조합이 아니라, 하나의 유기적인 언어-음성 변환 시스템으로 자리 잡아 가고 있다. 이 새로운 접근 방식 덕분에 우리는 점점 더 사람과 닮은 기계의 목소리를 듣게 되었고, TTS는 새로운 시대의 음성 기술로 진입하게 되었다.

03
TTS 기술의 현재와 미래

사람 같은 목소리는 이제 낯설지 않다. 그러나 감정, 맥락, 반응성을 흉내 내는 기술이 오히려 말의 본질을 되묻게 만든다. 기계의 말은 '말하기란 무엇인가'라는 질문으로 우리를 이끈다.

AI와 난임 극복?

TTS는 어디까지 왔는가?

한때 기계음 또는 로봇 목소리라고 불리던 목소리는 이제 놀라울 정도로 자연스러워졌다.

몇 년 전만 해도 낯설고 부자연스러웠던 음성이 지금은 사람과 구별하기 어려울 만큼 유창하고 부드럽게 변했다. 특히 딥 러닝 기반의 TTS 기술은 문장의 의미, 감정, 문맥 등을 고려해 말의 리듬과 억양을 설계하며, 일부 시스템은 사람이 말한 줄 알았다는 피드백을 받을 정도로 높은 완성도를 보여 주고 있다.

구글 딥마인드(DeepMind)의 웨이브넷(WaveNet)은 평균 의견 점수(Mean of Scores, MOS) 기준에서 사람 음성과 거의 차이가 나지 않는 수준까지 도달한 바 있으며, 타코트론 2(Tacotron 2), 패스트스피치 2(FastSpeech 2), VITS 등은 감정과 스타일까지 반영하며 기계가 말한다는 느낌을 갖지 못하게 만들고 있다. 특히 최근에는 같은 문장이라도 말투, 감정, 문맥에 따라 자연스럽게 변화하는 목소리가 가능해지면서, TTS 기술은 음성의 생동감을 점차 확보해 가고 있다.

그러나 이 자연스러움은 동시에 새로운 불편함을 낳기도 한다. 너무 사람 같은 목소리, 너무 매끄러운 문장 흐름은 종종 "이게 정말 사람일까?" 하는 의심을 불러일으키고, 사용자는 말의 생명력보다는 말의 연출을 감지하게 된다.

TTS 기술은 인간과 기계의 발화 경계를 허물어 가면서도, 그 모호한 경계에서 또 다른 문제들을 만들어 가고 있다.

지금 체험할 수 있는 TTS 서비스들

오늘날 누구나 TTS 기술을 직접 체험해 볼 수 있다. 구글 클라우드 TTS(Google Cloud TTS), 마이크로소프트 애저 TTS(Microsoft Azure TTS), 아마존 폴리(Amazon Polly)는 대표적인 클라우드 기반 서비스로, 비교적 쉽게 다양한 언어와 화자의 음성을 생성할 수 있다. 기본적으로는 개발자용 플랫폼이지만, 웹 인터페이스나 데모 환경을 통해 일반 사용자도 손쉽게 기능을 시험해 볼 수 있다.

웹 기반 인터페이스를 제공하는 곳도 많다. 예를 들면, TTS MP3, 리드스피커(ReadSpeaker), 쿠카렐라(Kukarella) 같은 서비스는 가입만으로도 다양한 목소리를 빠르게 생성할 수 있도록 지원한다. 일부는 짧은 문장에 한해 무료 체험을 해 볼 수 있으며, 출력 음성의 품질도 상당히 높은 수준이다.

더 정교한 기능과 세부 제어를 원하는 사용자라면, 다양한 유료 TTS 플랫폼이 주목할 만하다.

· 일레븐랩스(ElevenLabs)는 최근 가장 빠르게 주목받는 서비스 중 하나로, 자연스러운 감정 표현과 문맥 반응성이 뛰어나다. 특히 "소설을 낭독하듯 말하는 인공지능"을 지향하며, 오디오북 제작자와 영상 콘텐츠 제작자들에게 인기가 높다.

· 로보(LOVO.ai)는 한국 스타트업이 개발한 서비스로, 감정 표현 중심의 캐릭터 보이스와 쉬운 UI(사용자 인터페이스)를 강점으로 내세우며, 크리에이터와 마케터를 주요 타깃으로 삼고 있다.

· 타입캐스트(Typecast)는 국내 대표 TTS 서비스 중 하나로, 직관적인 인터페이스와 다양한 스타일의 한국어 화자를 제공하며, 광고, 유튜브, 전자책 등 실용적 콘텐츠 제작에 많이 활용된다.

· 네이버 클로바더빙(CLOVA Dubbing)은 뉴스 · 방송 스타일의 음성을 중심으로, 빠르게 콘텐츠를 제작할 수 있는 안정적 플랫폼을 지향한다.

· 하이루오(Hailuo.ai)는 중국어 중심의 AI 영상 생성 플랫폼이지만, 여기서 제공되는 한국어 TTS 품질이 상당히 뛰어난 것으로 평가된다. 간단한 텍스트 삽입만으

로 자연스러운 한국어 내레이션이 가능한 점에서 주목할 만하다.

· 수퍼톤(Supertone)은 웹 기반 TTS 서비스로, 한국어는 물론 영어와 일본어를 지원하며, 100여 종의 개성 있는 캐릭터 목소리를 제공한다. 특히 감정 조절 기능과 보이스 클로닝 기술을 함께 제공함으로써 콘텐츠 활용의 폭을 넓히고 있다.

· 나리랩스(Narilabs)의 다이아(DIA) TTS는 아직 영어만을 지원하지만, 한국 대학생 두 명이 개발한 오픈 소스 기반 모델로서, 짧은 음성 프롬프트를 활용한 보이스 클로닝이 가능할 뿐만 아니라, 웃음이나 한숨 등의 비언어적 표현, 감정이 실린 대화까지 정교하게 구현해 글로벌 사용자들로부터 큰 주목을 받고 있다.

이들 플랫폼은 감정 표현, 말투 조절, 화자 스타일 변경, 음성 복제 등 고급 기능을 제공하며, 오디오북, 영상 내레이션, 광고, 교육 콘텐츠 제작 등 다양한 분야에서 실제로 활용되고 있다. 사용자는 목소리의 성별, 연령, 속도, 감정 상태를 조절할 수 있고, 일부 플랫폼에서는 자신의 목소리를 직접 학습시켜 맞춤형 음성을 생성하는 기능도 제공한다.

하지만 사용자 사이에서는 여전히 고민이 있다. 기술

수준은 매우 높지만, 감정 조절이나 문장 흐름의 세밀한 제어는 아직까지 제한적인 경우가 많고, 유료 서비스의 가격 또한 부담으로 작용하기도 한다.

특히 "너무 자연스러워서 오히려 어색하다"는 반응은 주목할 만하다. 이는 체코의 철학자이자 기술 연구자인 얀 롬포틀(Jan Romportl)이 2014년 실험에서 제안했던 "TTS는 불쾌한 골짜기를 경험하지 않는다"는 섣불렀던 판단을 무색하게 만든다.

당시에는 기계음이 너무 인공적이어서 오히려 거리감을 느낄 필요가 없다고 여겨졌지만, 지금은 그 자연스러움이 일정한 경계선에 도달하면서 사람과 비슷하지만 뭔가 이상한, 즉 '불쾌한 골짜기'의 음성 버전을 자극하고 있다는 평가도 있다.

지금 TTS는 어디에서 쓰이고 있는가?

TTS 기술은 이제 특정 분야에만 머물지 않는다. 뉴스 방송에서는 AI 아나운서가 실제 방송에 출연해 뉴스를 전하고 있으며, 일부 지역 방송국에서는 기상 예보나 간단한 생활 정보 전달을 TTS 기반 시스템으로 자동화하고 있다. 오디오북 분야에서도 전문 성우 없이 전자책을 음성 콘텐츠로 변환하는 작업이 활발히 이뤄지고 있다. 콜센터나 고객 상담 환경에서는 상황별 응답을 실시간으로 생성하는 음성 챗봇이 실제 상담원을 대체하거나 보조하는 방식으로 도입되고 있다.

공공 안내 분야에서도 TTS는 널리 활용된다. 지하철이나 버스 같은 교통 안내 방송은 물론, 관공서 자동 응답 시스템, 병원 대기 안내 시스템 등에서 실시간으로 내용을 변경하거나 다국어로 전달할 수 있어 운영의 유연성과 정보 전달의 정확성을 동시에 확보할 수 있다.

정보 접근성 향상 역시 TTS의 핵심 역할 중 하나다. 스크린 리더는 시각 장애인에게 웹사이트나 문서를 읽어 주는 필수 기술이며, 난독증 사용자에게는 인지 부담을 덜어 주는 도구가 된다. 노년층을 위한 디지털 기기 안내 음성, 저학력 사용자를 위한 텍스트 대체 기능 등, 비문자 중심 소통을 위한 장치로서 TTS는 정보 평등의 수단으로 기능하고 있다.

교육 분야에서는 정확한 발음 제공은 물론, 수업 콘텐츠의 자동 음성화, 다국어 안내문 낭독, 학생 수준에 맞춘 반복 청취 콘텐츠 제작 등으로 실질적인 활용도가 점점 넓어지고 있다. 예를 들어, 초등 외국어 교육에서는 상황극 대사를 TTS로 재생해 교사가 부담 없이 회화 수업을 진행할 수 있으며, 중고등학생을 대상으로 시험 지문을 읽어 주는 시험 대비용 듣기 보조 도구로도 사용된다.

콘텐츠 제작 측면에서는 효율성과 확장성이 TTS의 가장 큰 장점이다. 전문 성우를 섭외하고 녹음실에서 제작하던 기존 방식 대신, TTS는 빠르게 수정 가능하고, 다양한 톤을 실험할 수 있으며, 소규모 예산으로도 고퀄리티 결과를 낼 수 있는 제작 방식을 가능하게 한다. 이는 유튜브, 광고, 기업 교육 영상, 오디오 광고, 소셜 미디어 쇼츠 등 단기 · 다량 제작이 필요한 환경에서 특히 강점을 발휘한다. 최근에는 실시간 스트리밍 중 채팅 내용을 TTS로 읽어 주는 기능을 도입한 방송인들도 늘고 있다.

이처럼 TTS는 단순한 음성 출력 기술을 넘어, 정보 전달, 사용자 보조, 교육 혁신, 콘텐츠 제작 자동화의 중심 기술로 자리 잡아 가고 있다. 이제 TTS를 목소리를 생성하는 기술이 아니라, 목소리를 매개로 한 커뮤니케이션 방식 자체를 새롭게 구성하는 기술로 이해할 필요가 있다.

기술이 밀고 있는 다음 단계는?

TTS 기술은 단지 문장을 정확히 읽는 데서 멈추지 않는다. 이제는 감정 표현, 말투 조절, 대화 반응성처럼, 사람이 말할 때 자연스럽게 사용하는 요소들을 구현하려는 시도가 본격화되고 있다.

가장 눈에 띄는 변화는 감정 표현 기능의 정교화다. 기쁨, 슬픔, 분노처럼 표면적인 감정뿐 아니라, 안정된 톤, 진중한 말투, 설득하는 어조 등 복합적인 태도를 목소리로 전달하려는 기술이 발전하고 있다. 오디오북이나 상담 챗봇, 감정 기반 인터랙션이 필요한 영역에서 이 기능은 점점 더 중요한 기준이 된다.

또한 최근에는 사용자의 목소리나 말투를 그대로 반영한 맞춤형 TTS도 가능해지고 있다. 자신의 목소리를 학습시켜 AI가 대신 말하게 하거나, 특정 캐릭터의 성격과 말투를 구현한 이른바 스타일 보이스를 생성하는 기술이다. 이는 개인화된 음성 어시스턴트, 혹은 브랜드 음성 정체성을 위한 기술로 주목받고 있다.

리얼타임 음성 생성도 빠르게 현실화되고 있다. 입력 즉시 자연스러운 발화를 출력할 수 있는 기술은, 상담 서비스, 실시간 통역, 인터랙티브 게임 등 지금 말해야 하는 순간에 꼭 필요한 핵심 요소다. 과거에는 속도와 품질이 양자택일이었다면, 이제는 실시간성과 자연스러움 모두를 잡는 방향으로 진화하고 있다.

발화 스타일을 상황에 맞게 바꾸는 기술도 주목된다.

같은 문장을 뉴스 톤, 강의 톤, 동화 읽기 톤으로 바꾸어 발화할 수 있는 기능은, 하나의 텍스트를 여러 목적으로 재활용해야 하는 콘텐츠 제작자에게 특히 유용하다.

또한 향후에는 하나의 모델로 다양한 언어를 말하거나, 특정 지역의 억양이나 사투리를 반영할 수 있는 다국어 · 다억양 TTS도 연구될 것으로 기대된다. 이는 다언어 국가의 공공 안내, 다문화 교육 콘텐츠, 관광 안내 시스템 등 글로벌 환경에서의 자연스러운 의사소통을 위한 핵심 기술로 주목되고 있다.

이처럼 현재의 TTS 기술은 더 잘 말하는 것 이상을 목표로 한다. 감정, 개성, 맥락, 반응성 즉, 말하는 행위의 복잡한 층위들을 하나씩 구현해 가고 있다. 그리고 이러한 발전이 단지 기술의 진보만이 아니라, 사람처럼 말한다는 것의 의미를 다시 정의하고 있다는 점에서 더 주목할 만하다.

지금의 TTS는 기술적으로 눈부신 발전을 이뤄 냈고, 이미 우리 일상 곳곳에서 목소리를 대신하고 있다. 그러나 이 기술은 단순히 말을 흉내 내는 데 그치지 않고, 감정, 맥락, 정체성까지 담아내려는 방향으로 진화하고 있다. 이제 TTS는 목소리를 만드는 기술이 아니라, 말하기란 무엇인가를 다시 정의하려는 시도가 되고 있다. 그 진화의 방향을 따라가며, 우리는 이제 '기계가 어떻게 말하는가'에서 '기계는 과연 말하고 있는가'라는 물음에 조금 더 가까이 다가선다.

참고: TTS 서비스 모음 (2025년 기준)

클라우드 API, 일반 사용 플랫폼, 오픈소스 프로젝트 등으로 구분했고, 한국어 지원 여부 및 콘텐츠 제작 활용도에 따라 배치했다.

■ 클라우드 기반 글로벌 TTS API 서비스

Google Cloud TTS, https://cloud.google.com/text-to-speech

Microsoft Azure TTS,
https://azure.microsoft.com/en-us/products/cognitive-services/text-to-speech

Amazon Polly,
https://aws.amazon.com/polly/

■ 경량형 TTS 서비스 및 변환 도구

TTS MP3 (영어만 제공),
https://ttsmp3.com

ReadSpeaker,
https://www.readspeaker.com

Kukarella,
https://www.kukarella.com

■ 고급형 TTS 플랫폼 (감정 표현 및 캐릭터 스타일 중심)

일레븐랩스(ElevenLabs),
https://www.elevenlabs.io

로보(LOVO.ai),

https://www.lovo.ai

타입캐스트(Typecast),

https://typecast.ai

네이버 클로바더빙(CLOVA Dubbing),

https://clova.ai/voice/dubbing

하이루오AI(Hailuo AI),

https://hailuo.ai

슈퍼톤(Supertone),

https://play.supertone.ai/

■ 오픈 소스 기반 실험적 TTS 프로젝트

나리랩스 다이아(DIA TTS),

https://narilabs.org/nari-dia

GitHub,

https://github.com/nari-labs/dia

04
연결되는 소리, 부드러운 흐름

"닭이 아니다"는 시스템마다 다르게 들린다. 연음은 말의 흐름을 만드는 핵심 요소지만, TTS는 이를 문맥이나 청자의 감각 없이 처리한다. 자연스러운 연결은 여전히 기술에겐 어려운 과제다.

AI와 사주?

연음, 자연스러운 말의 시작

기계가 사람처럼 말하려면 가장 먼저 넘어서야 할 관문이 있다. 그것은 바로 소리의 자연스러운 흐름을 만드는 일이다. 문장을 구성하는 단어들이 정확하게 발음된다 해도 그것이 하나의 유기적인 말소리로 이어지지 않으면 사람 귀에는 어색하게 들릴 수밖에 없다. 우리가 아무렇지 않게 말하는 일상적인 문장 속에는 자음과 모음, 단어와 단어 사이의 끊임없는 연결이 존재한다. 그리고 그 연결을 가장 자연스럽게 실현하는 방식이 바로 연음이다.

연음은 한 단어의 끝 자음이 다음 단어의 시작 모음과 결합되며 자연스럽게 소리가 이어지는 현상을 말하며, 이는 단어 내부에서도 음절과 음절 사이에서 발생한다. 예를 들어 '꽃이'는 [꼬치], '값이'는 [갑씨], '밭에'는 [바테]로 발음된다. 이런 발음은 대부분의 한국어 화자들이 무의식적으로 실현하는 것으로, 말의 흐름을 자연스럽게 만들고, 듣는 이에게도 거슬리지 않는 소리 흐름을 만들어 낸다.

그런데 TTS 시스템에게 연음은 단순한 연결이 아니다. 연음은 본래 존재하던 자리에 있던 음소를, 새로운 위치로 이동시키는 계산을 포함한다. 이 계산은 발음 규칙에 따라 기계적으로 적용할 수도 있지만, 맥락과 의미, 화자의 습관에 따라 달라지는 경우도 많기 때문에 단순한 규칙만으로 처리하기 어려운 복잡성을 갖는다. 그래서 TTS는 연음을 처리하는 순간, 말소리의 자연스러움을 결정짓는 첫 관문 앞에 선다.

표준 발음과 현실 발음의 거리

TTS 기술이 고도화되면서, 많은 시스템이 표준 발음에 기반해 정확한 발화를 구현하고 있다. 하지만 여기서 중요한 질문이 하나 생긴다. 정확하다는 것은 과연 자연스럽다는 것과 같은가?

예를 들어 보자. "부엌은 여기다"라는 문장을 TTS 시스템에 입력하면, 일부는 이를 [부어큰 여기다]로 읽고, 일부는 [부어근 여기다]로 읽는다. 국립국어원의 표준 발음은 전자지만, 실제 사람들은 후자를 더 자연스럽다고 느낀다. "닭이 아니다"라는 문장도 마찬가지다. 표준 발음은 [달기 아니다]지만, 많은 사람들은 [다기 아니다]를 훨씬 편하게 발화한다. 표준 발음과 현실 발음 사이에는 분명한 거리가 존재하고, TTS가 이 둘 중 어느 쪽을 선택하느냐에 따라 듣는 이의 반응도 완전히 달라질 수 있다.

이런 차이는 단순한 발음 실수의 문제가 아니다. 사람

들은 실제 말할 때, 문자로 드러나지 않는 자연스러운 흐름을 따라가며 발화한다. 이는 한국어의 음운 구조가 표기와 발음 사이에 일정한 괴리를 내포하고 있기 때문이다. 화자는 말의 의미와 맥락을 고려해 소리를 조절하지만, 기계는 문자에 따라 음소를 조합할 뿐이다. 그래서 정확한 발음이 오히려 어색한 말이 되어 버리는 일이 벌어진다.

문제는 이러한 표준과 현실의 차이가 TTS 시스템 안에서는 일관되지 않은 방식으로 혼재되어 있다는 점이다. 같은 시스템이 어떤 문장에서는 표준 발음을 따르고, 또 다른 문장에서는 현실 발음을 따라가는 식의 처리 오류가 실제로 자주 발생한다. 연음의 적용이 필요한 경우에도 마찬가지다. 적용해야 할 곳에 적용하지 못하거나, 적용하지 않아야 할 곳에 억지로 연음을 시도하면서 발화의 자연스러움이 무너지는 일이 종종 있다.

이처럼 표준 발음과 현실 발음 사이의 선택은 단순한 기술적 문제가 아니라, 기계가 누구를 위해 말하고 있는가에 대한 물음으로 이어진다.

청자 중심의 TTS라면 현실 발음에 더 가까워야 할까? 교육 · 방송용 음성이라면 표준 발음이 우선일까? 이 질문을 안고, 우리는 이제 실제 TTS 시스템들이 연음을 어떻게 처리하고 있는지를 점검할 필요가 있다.

TTS의 연음 처리 실태

실제로 TTS 시스템이 연음을 어떻게 처리하고 있는지를 확인하기 위해, 필자는 2018년에 154개의 실험 문장을 네이버 파파고(NP)와 구글 번역기(GT)의 TTS 기능에 입력하고, 발음 결과를 분석한 연구를 수행한 적이 있다. 이 실험은 표준 발음, 현실 발음, 특이 발음을 구분해 각각의 발화가 실제 언어 사용 감각과 얼마나 일치하는지를 살펴본 것이다.

먼저, "부엌은 여기다"라는 문장을 보자. NP는 이를 [부어큰 여기다]로 발음했다. 이는 표준 발음법에 충실하지만, GT는 [부어근 여기다]로 발음했다. 현실 발화에 더 가깝다. 이 경우만 보면 NP는 정확한 발음을, GT는 자연스러운 발음을 선택한 것처럼 보인다.

다른 문장을 보자. "닭이 아니다"라는 문장의 경우, NP는 [달기 아니다]로, GT는 [다기 아니다]로 발음했다. 여기서도 GT가 현실 발음을 따른 셈이다.

하지만, 다시 "노름빚이 많다"라는 문장으로 가 보면, GT는 [노름비지 만타]로 표준 발음을 유지하고, NP는 [노름비시 만타]로 현실 발음을 선택한다. 즉, 두 시스템 모두 일관성이 없다. 표준과 현실 발음이 뒤섞인 채 비체계적인 방식으로 산출되고 있는 것이다.

문제는 여기서 그치지 않는다. 실험에서 NP는 154개 중 146건에서 표준 발음, 8건에서 비표준 발음을 나타냈다. 이 8건 중 3건은 현실 발음, 5건은 언중이 실제로 거의 사용하지 않는 '특이 발음'이었다. 대표적인 특이 발음 사례로는 다음과 같은 문장들이 있다.

"솥입니다" → [소팀니다]

"단팥입니다" → [단파팀니다]

"부엌입니다" → [부어킴니다]

이러한 발음은 표준도 현실도 아닌 어색한 중간 단계로, TTS 시스템이 구개음화와 연음 규칙을 부자연스럽게 조합했을 때 발생하는 결과다.

GT의 경우는 더 복잡하다. 총 154개 중 109건에서 표준 발음, 45건에서 비표준 발음을 보였는데, 이 중 36건은 현실 발음, 9건은 특이 발음이었다. 구체적인 예는 다음과 같다.

"여덟이 아닙니다" → [여더리 아닙니다]

"솥입니다" → [소팀니다]

"겉입니다" → [거팀니다]

"윷입니다" → [유짐니다]

"북녘은" → [붕녀근]

이러한 결과는 TTS가 표면적인 음운 규칙만을 기반으로 발음을 생성할 경우, 오히려 듣는 사람에게 낯설고 부자연스러운 소리를 만들어 낼 수 있음을 보여 준다. 이 실험을 통해 드러난 핵심은 다음과 같다.

· 표준 발음과 현실 발음의 혼용 → 시스템 간, 문장 간, 심지어 단어 간에도 일관성 부족.

· 특이 발음의 빈번한 산출 → 규칙만 따르다 보니 실제 발화 환경과 어긋나는 결과.

· 형태소 구조나 의미 단위 고려 부족 → TTS가 문장을 단지 음소 연쇄로만 다루는 한계.

결국 TTS 시스템은 연음 규칙을 적용할 줄 아는 수준이 아니라, 어떤 경우에 연음을 적용하고, 어떤 경우엔 하지 말아야 하는지를 선택할 수 있어야 한다는 요구에 직면해 있다.

이제 TTS는 단지 연음이 가능한가를 묻는 기술이 아니라, 연음이 자연스러운가를 판단해야 하는 기술로 진화해야 한다.

발화의 일관성 문제와 맥락 인식의 한계

TTS 시스템이 연음을 처리하면서 보여 주는 가장 큰 문제 중 하나는, 같은 단어를 상황에 따라 다르게 발음한다는 점이다. 이 현상은 시스템 내부에 일관된 발음 기준이나 맥락 인식 체계가 없다는 점을 드러낸다.

예를 들어, 실험에서 "부엌은 여기다"라는 문장은 [부어큰]으로 발음되었지만, "그 집 부엌은 참 지저분합니다"에서는 [부어근]이라는 현실 발음이 출력되었다. 동일한 체언 '부엌'과 조사 '은'의 결합인데도, 문장에 따라 발음이 달라진 것이다.

또한, '닭이 아니다'는 [달기 아니다]로 읽히다가, '저건 닭이야'에서는 [다기야]로 바뀌는 식의 사례도 반복적으로 나타났다. 이런 오류는 단순한 발음 선택의 문제가 아니라, TTS 시스템이 '단어'를 고립된 단위로 처리하기 때문에 발생하는 전형적인 문제다.

사람은 문장을 읽을 때 단어 하나하나를 독립적으로 조립하지 않는다. 문장의 흐름과 의미 구조, 발화 상황을 고려해 소리의 흐름을 조절한다. 예를 들어 '닭'이라는 단어는 뒤에 어떤 조사가 오느냐, 문장 전체에서 어떤 역할을 하느냐에 따라 실제 발화가 달라진다. 그런데 TTS는 여전히 문자열 단위로 음소를 나열하고, 그에 따라 표면 규칙만으로 발음을 생성하는 방식에 머물러 있다.

이러한 문제는 특히 겹받침이나 폐쇄음 종성 체언에서 더욱 두드러진다. '솥', '밭', '값', '젖'처럼 연음이 적용되면 발화가 부드러워지지만, 규칙적으로 처리되지 않으면 '솥입니다'가 [소팁니다], '값이 있다'가 [갑$이 읻따]($는 앞뒤 사이에 명확한 경계가 있다는 언어학적 표시)처럼 발화가 끊기고, 의미 전달도 어색해질 수 있다. 심지어는 같은 문장을 반복 입력했을 때도 발음이 달라지는 사례도 목격되었다.

이는 TTS가 발음을 선택하는 기준이 고정되어 있지 않고, 때로는 확률적 모델이나 무작위 표본에 의해 출력이 달라지는 딥 러닝 방식의 특징 때문이기도 하다. 특히 머신 러닝 기반 시스템에서는 맥락 정보 없이도 발음이 달라지는 일이 생기는데, 이는 청자에게 혼란을 주거나 기계적 발화로 인식되는 결정적인 요인이 된다.

요컨대 지금의 TTS 시스템은 연음 규칙 자체는 인식

할 수 있지만, 언제 적용해야 하고, 언제 피해야 하는지를 문맥 속에서 판단할 수 있는 능력은 부족하다. 이 한계를 넘어서기 위해서는 TTS가 단지 음운 규칙을 '적용'하는 단계를 넘어, 말의 의미 흐름과 문법 구조, 형태소 경계와 문장 전체 맥락을 함께 고려하는 설계로 발전해야 한다. 즉, 정확히 발음하는 기술에서, 자연스럽게 말하는 기술로 넘어가는 질적 도약이 필요한 시점인 것이다.

무엇을 기준으로 삼을 것인가

TTS 시스템이 연음을 처리할 때 마주하는 핵심적인 딜레마는 이것이다.

"표준 발음을 따라야 하는가, 현실 발음을 반영해야 하는가?"

표준 발음은 교육, 방송, 공공 기관 등에서 사용되는 공적인 언어의 기준이자, 문법적 정합성을 보장하는 규범이다. 하지만 현실에서 사람들은 언제나 그 규범을 그대로 따르지는 않는다. 오히려 실제 발화에서는 발음의 편의성과 발화 습관, 맥락과 감정이 더 큰 영향을 끼친다. 그러다 보니, 정확한 발음과 자연스러운 발음 사이에 간극이 생기게 된다.

문제는 이 간극을 TTS 시스템이 어떻게 다룰 것인가에 있다. 예를 들어 '닭이 아니다'라는 문장을 표준대로 [달기 아니다]로 발음하면 규정에는 맞지만, 많은 사람에게는 어색하게 들린다. 반면 [다기 아니다]는 규범상 비표준이지만, 실제 대화에서는 훨씬 더 흔하게 쓰이고, 자연스럽게 느껴진다.

따라서 TTS가 사람처럼 말하려면, 단순히 규정을 따르는 것만으로는 부족하다. 화자의 감각, 청자의 수용도, 상황의 맥락까지 고려해 어떤 발음이 '말처럼 들리는가'를 기준으로 삼아야 한다.

그렇다고 모든 발화를 현실 발음으로 대체할 수도 없다. 현실 발음은 지역, 세대, 성별, 교육 수준 등에 따라 다양하게 분포되며, 어떤 경우에는 의미 전달의 명료성이나 사회적 수용성에 문제가 생길 수도 있다. 예를 들어 공적 발표나 뉴스 내레이션에서 지나치게 일상적인 현실 발음을 사용하면 오히려 신뢰감이 떨어질 수 있다.

이러한 이유로, 필자의 연구에서는 사용자 맞춤형 발음 설정 기능을 하나의 해법으로 제시한 바 있다. 화자가 어떤 발음 형태를 더 자연스럽게 느끼는지에 따라 발음 수용도를 조정하는 방식이다. 사용자는 TTS 설정에서 다음과 같은 선택을 할 수 있게 하자는 제안이다.

· 표준 발음 우선(공공 기관, 교육 콘텐츠 등).

· 현실 발음 우선(일상 대화, 동화 낭독, 유튜브 콘텐츠 등).

· 혼합 모드(문맥 기반 최적화).

· 사용자 지정 비율(예: 현실 발음 적용률 75%).

이 방식은 기술적으로는 복잡할 수 있지만, 언어학적으로는 설득력이 있다. 언어는 언제나 사용자의 환경과 맥락에 따라 유동적으로 변화하는 구조이기 때문이다.

TTS가 이런 유연한 구조를 수용하려면, 단어 단위 발음 정보뿐 아니라 문장 단위의 조합과 발화 실현 패턴을 더 정교하게 분석할 수 있어야 한다. 그리고 장기적으로는 음성 실태 조사 데이터, 사용자 피드백, AI 기반 맥락 분석 시스템이 함께 결합되어야 실현 가능한 과제가 된다.

결국 중요한 것은 무엇이 옳은 발음인가를 결정하는 것이 아니라, 누구에게, 어떤 상황에서, 어떻게 들리는가를 기준으로 삼는 감각을 기계에 구현할 수 있는가다.

자연스러움의 감각을 위해

연음은 발음 규칙 중에서도 가장 기본적이고, 가장 자주 발생하는 현상이다. 사람은 자음과 모음, 단어와 단어를 명확히 인지한 상태로 말하지 않는다. 우리는 그저 자연스럽게 '말의 흐름'을 만들어 내며, 그 흐름 속에서 의미와 감정을 전달한다. 그런데 그 단순한 연결을 기계가 흉내 내려 할 때, 기술은 예상보다 훨씬 복잡한 문제와 마주하게 된다.

지금까지 살펴본 것처럼, TTS 시스템은 연음을 처리할 수 있는 규칙은 알고 있다. 하지만 그 규칙을 언제 적용해야 하고, 언제는 예외로 남겨야 하는지를 판단하는 데에서는 아직 서툴다. 문자열의 조합만으로는 말처럼 들리는 발화를 구현하기 어렵기 때문이다.

더 큰 문제는, TTS가 연음을 처리하는 방식이 일관되지 않고, 맥락을 고려하지 않으며, 청자의 수용도를 반영하지 못한다는 점이다. 이로 인해, 때로는 정확하지만 어색하고, 때로는 자연스럽지만 규정에서 벗어난 발화가 산출된다. 기계는 규칙을 적용하지만, 우리는 감각으로 듣는다. 그리고 그 감각은 수치화하거나 예측하기 어려운 것이기도 하다.

따라서 연음은 단지 '음소의 연결'에 관한 문제가 아니다. 그것은 기계가 사람처럼 말하려면 반드시 갖춰야 할 리듬, 맥락, 듣는 이의 감정에 반응하는 감각의 문제다.

앞으로의 TTS는 더 정확하게 말하는 기계가 아니라,

더 자연스럽게 말하는 존재가 되어야 한다. 이를 위해서는 규칙의 적용을 넘어, 말의 상황성과 발화의 유연성을 설계에 반영해야 한다. 그리고 그 유연성은, 언어의 본질이란 단 하나의 정답이 아니라 수많은 가능한 표현 중에서 순간순간 선택되는 것이라는 점에서 출발해야 한다.

참고문헌

임현열(2003). 체언과 조사 결합 형태의 비규범적 발음에 대한 연구. 중앙대학교 대학원 석사학위논문, https://m.riss.kr/search/detail/DetailView.do?p_mat_type=be54d9b8bc7cdb09&control_no=ab51834f6936b647

임현열(2018). 네이버 파파고와 구글 번역기 음성 산출의 연음 현상에 관한 연구. ≪한말연구≫, 47, 213-236쪽, https://www.kci.go.kr/kciportal/ci/sereArticleSearch/ciSereArtiView.kci?sereArticleSearchBean.artiId=ART002336208

05
개입되는 소리, 선택의 문제

"옷 입다"는 [온닙따]로도, [오딥따]로도 들린다. ㄴ 첨가는 수의적(隨意的) 음운 현상으로, 단어 · 상황 · 화자에 따라 실현 양상이 달라진다. TTS는 이 선택의 다양성을 받아들이지 못한 채, 정답 없는 규칙 속에서 흔들린다.

AI와 아이돌?

ㄴ 첨가란 무엇인가

우리는 일상에서 '금이빨'을 [그미빨]이라고 말하지 않는다. 대부분은 자연스럽게 [금니빨]처럼 발음한다. 그런데 많은 사람들은 자신이 그렇게 발음하고 있다는 사실조차 인식하지 못한다. 이는 ㄴ 첨가라는 한국어의 대표적인 음운 현상이 무의식적으로 작동하고 있기 때문이다.

ㄴ 첨가는 두 단어가 이어질 때, 앞 단어가 자음으로 끝나고 뒤 단어가 '이, 야, 여, 요, 유'처럼 '이' 소리를 포함한 음절로 시작하면, 두 단어 사이에 [ㄴ]이 삽입되어 말소리를 자연스럽게 이어 주는 현상을 말한다. 이를테면, '금이빨'은 [금니빨], '옷 입다'는 [온닙따], '한 일'은 [한닐]처럼 발음된다.

여기서 중요한 것은, 이 발음들이 표기에 없는 소리를 인위적으로 추가한 것이 아니라, 말을 자연스럽게 하려는 무의식적 조절의 결과라는 점이다. 문자에는 없지만 말소리에는 반드시 필요한 [ㄴ]의 등장은, 말의 흐름을 부드럽게 만들고, 청자에게도 거슬리지 않는 자연스러운 소리로 받아들여진다.

표준 발음법 제29항은 이러한 ㄴ 첨가 현상을 다음과 같이 규정하고 있다.

"합성어나 파생어에서, 앞 단어나 접두사의 끝이 자음이고 뒤 단어나 접미사의 첫음절이 '이, 야, 여, 요, 유'인 경우에는, 'ㄴ' 음을 덧붙여 [니, 냐, 녀, 뇨, 뉴]로 발음한다."

이 규정은 예를 들어 '솜이불'은 [솜니불], '늑막염'은 [능망념], '영업용'은 [영엄뇽]처럼 발음해야 한다는 것을 뜻한다. 이때 [이, 야, 여, 요, 유]는 음성학적으로는 반모음 [j] 계열로 분류되며, 혀가 올라가면서 좁은 통로를 만들어 내는 '이' 계열 소리를 포함한 음절이다.

하지만 현실의 말하기는 이보다 훨씬 복잡하다. ㄴ 첨가는 단어 안에서만 발생하는 것이 아니라, 두 단어가 만나는 경계에서도 흔히 나타난다. '한여름', '먹은 엿', '서른여섯' 같은 구에서도 [ㄴ]이 첨가되어 [한녀름], [머근녇], [서른녀섣]처럼 자연스럽게 발화된다.

이처럼 ㄴ 첨가는 겉으로 보기에 단순한 발음 변화처럼 보이지만, 사실은 문자와 소리, 규범과 현실, 규칙과 감각 사이에 놓인 복합적 현상이다.

그리고 바로 이 점이, TTS 기술이 이 현상을 처리하는 데 어려움을 겪게 되는 이유이기도 하다.

수의적 음운 현상으로서의 ㄴ 첨가

표준 발음 규정에는 분명히 ㄴ을 첨가한다는 조항이 존재한다. 그러나 현실의 발화는 그렇게 단순하지 않다. 어떤 단어는 첨가하고, 어떤 단어는 첨가하지 않는다. 그리고 어떤 단어는 같은 사람조차 상황에 따라 다르게 발음한다. 즉, ㄴ 첨가는 규칙이 아니라 선택의 문제, 다시 말해 수의적 음운 현상이다.

표준 발음법 제29항은 다음과 같은 '붙임'을 통해 ㄴ 첨가를 허용하고 있다.

> "두 단어를 이어서 한마디로 발음하는 경우에도 이에 준한다."
>
> 예: 옷 입다 → [온닙따], 한 일 → [한닐], 먹은 엿 → [머근녇]

그러나 같은 조항 안에 또 다른 단서가 붙는다.

> "다만, 다음과 같은 단어에서는 ㄴ(ㄹ) 음을 첨가해 발음하지 않는다."
>
> 예: 6 · 25 [유기오], 송별연 [송벼련], 등용문 [등용문]

그리고 어떤 단어들은 두 가지 발음이 모두 표준으로

인정되기도 한다.

'검열' → [검녈] / [거멸]

'금융' → [금늉] / [그뮹]

이처럼 어떤 단어는 반드시 ㄴ을 첨가하고, 어떤 단어는 첨가하지 않아야 하며, 어떤 단어는 두 가지가 모두 허용된다. 또 어떤 단어는 명확한 규정이 없음에도 실제 발화에서만 자연스럽게 ㄴ이 첨가되기도 한다. 그 대표적인 예가 바로 앞서 언급된 '금이빨' → [금니빨]이다.

더욱이 발음 규정과 현실 발화의 차이가 표면적으로 드러나지 않는 경우도 있다. 표준은 [ㄴ]을 요구하지만, 실제로는 [ㄴ] 없이 말하는 화자가 많거나, 아예 발음 자체가 [ㄴ]이 아니라 다른 음으로 변화되어 나타나는 경우도 존재한다.

예를 들어, '서울역'의 표면 발음은 [서울력]이다. 하지만 이건 ㄹ이 첨가된 것이 아니라, 실제로는 [서울녁] → [서울력]으로, ㄴ이 먼저 들어간 뒤 유음화된 결과다. 즉, 이 구조는 엄밀히 말하면 ㄴ 첨가 → 유음화의 결과지만, 청자에게는 ㄴ이 들어갔다는 인식 자체가 사라진다.

이처럼 ㄴ 첨가는 단독으로 작동하지 않고, 비음화나

유음화 등 다른 음운 현상과 연쇄적으로 작동하는 경우가 많다. 그래서 언중은 자신이 ㄴ을 넣고 있다는 사실을 자각하지 못하고, TTS 설계자 역시 발음의 구조를 단순하게 설명할 수 없게 된다.

즉, ㄴ 첨가는 단지 발음을 조정하는 규칙이 아니라, 말을 원활하게 하기 위한 감각의 결과이며, 표면에는 잘 드러나지 않지만, 말의 흐름에서 핵심적인 조율 역할을 하는 숨겨진 메커니즘이라고 할 수 있다.

이런 복잡성을 고려하면, TTS가 ㄴ 첨가를 처리할 때 가장 먼저 마주하는 질문은 단순하다. "적용할까, 하지 말까?" 그러나 이 단순한 질문에 대한 답은 단순하지 않다. 왜냐하면, '언제나 적용', '항상 미적용' 같은 정답이 존재하지 않기 때문이다.

TTS가 이 질문에 제대로 답하려면, 단지 규칙을 인식하는 기술이 아니라 발음의 현실, 화자의 인식, 듣는 이의 감각을 함께 고려하는 선택 능력을 갖춘 기술로 발전해야 한다.

기계는 일관성을 원하지만, 사람은 일관성을 원하지 않는다. 우리는 상황에 따라 말투를 바꾸고, 리듬을 달리하며, 발음을 조절한다. 그리고 이때 가장 흔히 사용하는 조절 방식 중 하나가 바로 [ㄴ]을 집어넣는 것이다.

따라서 ㄴ 첨가는 TTS에게 단지 구현해야 할 음운 규칙이 아니라, 언어 사용의 유연성과 감각을 기술 안에 담아내야 한다는 요구 자체인 셈이다.

ㄴ 첨가의 실현 실태

ㄴ 첨가는 한국어에서 매우 빈번하게 나타나는 발음 현상임에도 불구하고, 실제 화자들이 이를 어떻게 실현하고 있는지는 생각보다 명확하게 알려져 있지 않다. 더욱이 대부분의 화자들은 자신이 ㄴ을 넣고 있는지 아닌지조차 자각하지 못한 채 말하기를 수행한다. 이로 인해 표준 발음과 현실 발음 사이의 인식 간극과 실현 차이가 더 복잡해진다.

이런 문제의식을 바탕으로 진행된 김선철(2003)과 국경아 외(2005)의 조사 연구는 ㄴ 첨가 발음 실태와 선호도의 실제 분포를 보여 주는 대표적인 자료로 꼽힌다.

김선철(2003)은 국립국어원 주도로 ㄴ 첨가의 실현 비율을 조사한 결과다. 김선철은 총 62개 단어를 선정해 실제 발화를 녹음하고, ㄴ이 첨가된 발음이 얼마나 실현되는지를 수치로 분석했다.

조사 결과, ㄴ 첨가 발음이 과반수 이상 실현된 단어는 다음과 같다. 쌍욕(93.14%), 야금야금(94.86%), 열여덟

(94.57%), 즉석요리(72%), 문학예술(66%), 공업용수(68.86%). 이 단어들은 ㄴ이 첨가된 발음이 명백히 지배적으로 나타난 사례다.

반면, 다음과 같은 단어들은 표준 발음은 ㄴ 첨가형인데, 실제 발화에서는 거의 첨가되지 않는 경향을 보였다. 괴담이설(0.86%), 땅임자(1.42%), 새벽이슬(7.43%), 감언이설(8.86%), 백분율(88%). 특이 사항으로 '백분율'은 표준은 첨가형이지만, 현실에서는 비첨가형이 적지 않게 나타났다.

이러한 자료는 TTS 시스템 설계에서 표준 발음을 적용할 것인가, 현실 사용 빈도를 따를 것인가를 판단하는 데 단어별, 상황별 접근이 필요하다는 점을 분명히 보여준다.

다음으로 국경아 외(2005)에서의 발음 선호도 조사 결과도 참고할 만하다. 이 연구에서는 총 183개의 ㄴ 첨가 환경 단어에 대해 발음 선호도를 조사했다. 이 연구는 단순 실현 여부뿐 아니라, 발음이 얼마나 자연스럽게 받아들여지는지를 수치화한 점에서 의미가 있다. 조사 결과는 다음과 같은 세 범주로 나뉜다.

· 선호도 낮음(40% 미만): 얄기죽얄기죽, 용역, 공유, 평양,

실용적, 월요일 등.

· 선호도 보통(40~60%): 밭이랑, 논이랑, 불이익, 몰이해, 장염, 논임자 등.

· 선호도 높음(60% 초과): 열여덟, 쌍욕, 즉석요리, 문학예술, 부엌일, 공업용수 등.

이 결과는 단어에 따라, 발음의 현실성에 대한 수용도의 편차가 크며, 어떤 경우에는 ㄴ 첨가가 규범적으로 요구되더라도 현실에서는 선호되지 않는다는 점을 잘 보여 준다.

예를 들어 보자. '창업 이익' → 표준 발음: [창엄니익] / 선호도: 35%, '총유권자' → 표준 발음: [총뉴꿘자] / 선호도: 36%, '은행 이율' → 표준 발음: [은행 니율] / 선호도: 36%. TTS가 이들을 표준 발음대로 처리하면, 청자 입장에서는 어색하거나 낯설게 들릴 수 있다.

반면, '검열' [검녈], '늑막염' [능망념], '핫이불' [한니불] 등은 표준 발음대로 발화해도 현실과 큰 차이가 없기 때문에 TTS에서도 문제없이 적용할 수 있다.

이러한 실태 조사는 TTS 설계에서 다음과 같은 질문을 가능하게 한다. 어떤 단어는 현실 발음을 따라야 하고, 어떤 단어는 표준 발음을 따르는 것이 더 자연스러운가?

하지만 이 판단은 단순히 '빈도수'만으로 결정할 수 없다. 청자의 연령, 지역, 교육 수준, 말하기 상황 등이 복합적으로 작용하기 때문이다.

따라서 TTS는 이제 하나의 발음을 고집하는 구조를 넘어, 화자 집단이 받아들이는 자연스러움을 반영하는 설계로 나아가야 한다. 그리고 그것이 바로 현실 발음 사전, 사용자 맞춤 발음 설정, 문맥 기반 처리 등으로 확장되어야 할 방향이다.

TTS 시스템의 실제 처리 현황

ㄴ 첨가 발음이 실제 화자들의 말하기에서 매우 다양하게 실현된다는 사실은 앞선 실태 조사에서도 확인된 바 있다. 그렇다면 TTS 시스템은 이러한 복잡한 현실 발음을 얼마나 잘 반영하고 있을까?

이를 확인하기 위해, 임현열(2018)에서는 182개의 ㄴ 첨가 환경 단어를 구글 번역기(GT)와 네이버 파파고(NP)의 TTS 기능에 입력하고, 실제 산출된 발음을 청취 · 기록한 실험이 진행된 바 있다. 이 실험은 ㄴ 첨가가 어느 정도 실현되는지, 발음에 오류는 없는지, 발음 유형이 얼마나 일관되게 적용되는지를 점검하기 위한 것이었다.

조사 결과는 다음과 같다. 먼저 GT에서는 ㄴ 첨가가 실현된 단어가 81개, ㄴ이 첨가되지 않은 단어가 82개로 거의 비슷하게 나타났으며, 그 외에 19개는 형태소 분석 오류나 특이한 처리 방식에 따른 기타 발음으로 분류되었다. GT는 ㄴ 첨가 적용에서 보수적인 경향을 보였으며, ㄴ 첨가 자체보다 형태소 분석을 생략하거나 잘못 수행한 데서 비롯된 부자연스러운 발화가 다수 발견되었다.

한편 NP는 ㄴ 첨가가 실현된 단어가 118개, 미첨가가 56개, 기타 발음은 8개였다. 전체적으로 GT보다 ㄴ 첨가를 더 적극적으로 적용하고 있는 셈이다. 하지만 NP 역시 특정 단어에서는 ㄴ을 첨가하지 않거나, 부적절한 처리를 통해 자연스럽지 않은 발음을 산출한 사례가 있었다. 다음은 실제 오류 사례들이다.

· GT에서의 비표준 처리 사례: '솜이불' → [소미불], '은행 이율' → [은행 이율], '총유권자' → [총유권자].

→ 모두 ㄴ이 첨가되어야 자연스러운 발화지만, 실제로는 미첨가 형태로 산출.

· NP에서의 오류 사례: '덧입다' → [더십따], '낯익다' → [나

칙따], '민간요법' → [민간요뻡].

→ 음운 규칙 적용보다 형태소 분석 오류에 가까운 발음.

이러한 결과는 TTS 시스템이 단어를 개별적인 문자 단위로 처리하고, 음운 규칙을 기계적으로 적용하는 과정에서 발생한 것으로 보인다. 특히 ㄴ 첨가와 관련된 수의성이나 사회언어학적 변이는 거의 고려되지 않은 채, 단순히 발음 규칙의 적용 여부만으로 판단하고 있다는 점이 확인된다.

GT와 NP의 발음 성향을 비교해 보면 다음과 같다.

· GT는 ㄴ 첨가 적용과 미적용이 거의 반반에 가까우며, 발음 처리에 일관성이 부족하다.

· NP는 전반적으로 ㄴ 첨가를 더 많이 적용하지만, 여전히 일부 단어에서는 미적용되거나 오류가 발생한다.

예를 들어 '공업용수'는 표준 발음이 [공엄뇽수]인데, GT에서는 미첨가 형태로, NP에서는 [공엄용수]라는 절충형으로 발음되었다. '불이익'은 두 시스템 모두 [부리익]으로 처리하며, ㄴ 첨가를 반영하지 않았다. 반면 '야금야금', '열여덟' 같은 고빈도 첨가형 단어는 두 시스템 모두에서 ㄴ 첨가가 잘 반영된 편이었다.

이러한 결과는 TTS 시스템이 ㄴ 첨가 발음을 처리할 때 표준 발음을 기준으로 삼거나 현실 발음을 참고하더라도, 그 판단이 단어별로 일관되지 않으며, 발화 맥락이나 화자의 감각을 반영하지 못하고 있다는 점을 보여 준다. 같은 단어라도 문장 내 위치, 주변 음 환경, 길이에 따라 발음이 달라지는 경우가 있었고, 같은 시스템에서도 반복 입력 시 발음이 바뀌는 현상도 관찰되었다.

이 모든 사례는 TTS 시스템이 아직까지 '발음 규칙의 정확한 구현'보다는 '자연스러운 말소리의 선택'이라는 기준에 도달하지 못했음을 보여 주는 결과다.

TTS가 사람처럼 말하려면, 정해진 발음 하나를 선택하는 방식이 아니라, 상황에 맞는 발음을 판단하고 조율할 수 있는 능력을 갖춰야 한다.

현실 발음 사전과 사용자 맞춤형 조정 제안

지금까지 살펴본 바와 같이, TTS 시스템은 ㄴ 첨가 발음을 처리하는 데 여러 문제에 직면하고 있다. 표준 발음에 근거해 정확한 발음을 생성하려는 의도는 분명하지만, 현실 발화와의 괴리가 클 경우 청자에게는 오히려 어색하게 들리는 결과를 초래하기도 한다. 특히 ㄴ 첨가는 적용 여부 자체가 수의적이고, 단어에 따라 첨가 발음의 선호도가 크게 다르기 때문에, 일률적인 규칙 적용만으로는 자연스러운 음성을 구현하기 어렵다.

이러한 문제를 해결하기 위해 제안되는 방안 중 하나는 현실 발음 사전의 체계적 구축이다. 이는 단순히 표준 발음 목록을 저장하는 사전이 아니라, 실제 화자들의 발음 경향과 발음 선호도를 반영하는 현실 기반 발음 정보의 집합체다. 예를 들어 '총유권자'는 표준 발음으로는 [총뉴꿘자]지만, 많은 화자들은 실제로 [총유권자]에 더 가까운 형태로 발음한다. 이런 경우를 데이터화해 TTS 시스템이 단어별로 좀 더 현실적인 발음을 선택할 수 있도록 돕는 것이 이 사전의 핵심 목적이다.

물론 이런 사전을 구축하려면 다량의 발화 자료가 필요하다. 하지만 다행히 최근에는 네이버 클로바, 구글 어시스턴트 같은 서비스에 누적되는 사용자 발화 데이터를 활용할 수 있는 기반이 마련되어 있다. 여기에 국립국어원을 비롯한 공공 기관의 발음 실태 조사 자료까지 연계하면, 언어학적 타당성과 기술적 현실성을 모두 갖춘 현실 발음 사전을 구축하는 것이 불가능한 일은 아니다.

이와 더불어, 사용자의 발음 수용도를 반영할 수 있는

조정 기능도 고려할 필요가 있다. 즉, 사용자가 표준 발음과 현실 발음 중 어느 쪽을 더 자연스럽게 느끼는지를 스스로 선택하거나, 환경에 따라 발음 방식을 다르게 적용할 수 있도록 설정을 제공하는 방식이다. 뉴스 기사나 교육 콘텐츠처럼 정확성이 중요한 경우에는 표준 발음을 우선 적용하고, 유튜브 영상, 동화 낭독, 대화형 콘텐츠처럼 자연스러움이 중요한 경우에는 현실 발음을 더 많이 허용하는 구조다.

이러한 조정은 단지 편의를 위한 설정 이상의 의미를 지닌다. 사용자에게 선택권을 제공한다는 것은 곧 TTS가 '하나의 정답만 출력하는 기계'가 아니라, '화자의 개성과 청자의 기대에 반응하는 기술'로 나아가는 첫걸음이기 때문이다.

정확성의 시대에서 감각의 시대로 나아가는 지금, 기술의 기준 역시 바뀌어야 한다. 그리고 그 감각을 반영하기 위한 가장 기본적인 조건이 바로 사용자의 선택 가능성과 현실 언어의 데이터 기반 설계다. TTS가 사람처럼 말하기 위해서는 규칙을 잘 따르는 것만으로는 부족하다. 그보다는 언제 규칙을 선택하고, 언제 예외를 수용해야 할지를 스스로 판단할 수 있어야 한다.

현실 발음 사전과 사용자 맞춤형 설정은 그 판단의 기

반을 제공하는 장치가 될 수 있다. 이제 TTS는 문자를 소리로 바꾸는 기술이 아니라, 사람의 언어 감각에 응답하는 기술로 나아가야 한다.

TTS가 선택하는 발음

TTS 기술이 점점 더 정교해지고 있음은 분명하다. 표준 발음에 대한 규칙은 비교적 잘 구현되고 있고, 일부 시스템은 현실 발음의 경향까지 반영하려는 시도도 보이고 있다. 하지만 ㄴ 첨가처럼 수의적인 음운 현상 앞에서는 여전히 기술의 한계가 명확히 드러난다.

우리는 이 장에서, ㄴ 첨가라는 작고 흔한 현상을 통해 TTS 시스템이 겪고 있는 선택의 딜레마를 살펴보았다. 표준 발음을 따를 것인가, 현실 발음을 반영할 것인가? 모두가 알고 있지만 아무도 똑 부러지게 설명하지 못하는 이 간극은 기계에게도 예외가 아니다.

화자는 발음에 대해 의식적으로 판단하지 않는다. 말의 흐름 속에서 자연스럽게 소리를 조정하고, 의미를 전달하는 데 집중한다. 하지만 기계는 그 흐름을 이해하지 못한다. 대신 수치화된 규칙이나 사전 정보에 따라 발음을 선택해야 한다. 이때 필요한 것은 정확성만이 아니라, 듣는 이의 감각과 발화 맥락에 반응할 수 있는 기술적 유연성이다.

이 장에서 논의된 ㄴ 첨가 현상은 그 유연성이 작동해야 할 자리였다. 어떤 단어는 반드시 첨가되어야 자연스럽고, 어떤 단어는 오히려 첨가되면 어색해진다. 게다가 같은 단어도 상황에 따라 발화 방식이 달라지고, 듣는 이의 기대에 따라 발음의 자연스러움이 달라지기도 한다.

TTS가 말소리를 만드는 기술에서, 발음을 선택하는 기술로 진화해야 한다는 주장은 바로 이런 수의적 음운 현상을 통해 구체적인 과제로 제시된다.

기계가 하나의 발음을 낭독하는 것이 아니라, 화자의 말하기를 닮아 가려고 한다면, 이제는 정확한 규칙의 구현만이 아니라, 그 규칙을 언제 적용할지를 선택할 수 있는 감각이 필요하다. 그 감각은 단순한 계산이 아니라, 현실 언어에 대한 관찰과 이해를 바탕으로 작동하는 설계 철학에서 비롯될 것이다.

참고문헌

국경아 외(2005). 선호도 조사를 통한 ㄴ첨가 현상의 실현 양상 연구. ≪말소리≫, 53, 36-59쪽, https://www.kci.go.kr/kciportal/ci/sereArticleSearch/ciSereArtiView.kci?sereArticleSearchBean.artiId=ART000960869

김선철(2003). 표준 발음 실태 조사Ⅱ. 국립국어연구원.

https://www.korean.go.kr/front/reportData/reportDataView.do?mn_id=45&report_seq=345

임현열(2018). 자연스러운 TTS 구현을 위한 ㄴ 첨가 처리 방안 – 표준 발음과 현실 발음의 조화 모델 중심으로. ≪어문론집≫, 73, 31-59쪽, https://www.kci.go.kr/kciportal/ci/sereArticleSearch/ciSereArtiView.kci?sereArticleSearchBean.artiId=ART002336259

06
흔들리는 소리, 경계의 선택

'신라면'은 [신나면]일까, [실라면]일까?
/ㄴㄹ/ 연쇄는 발음 선택의 경계에 놓인 복합 구조다. TTS는 단어 구조와 형태소 경계를 인식하지 못해 같은 단어도 문맥에 따라 다르게 발음한다.

AI와 야구?

/ㄴㄹ/ 연쇄는 무엇이 문제인가

한국어에는 문자로는 나타낼 수 있어도, 실제 말소리에서는 자연스럽게 이어지기 어려운 음소 조합이 있다. 그 가운데 대표적인 것이 /ㄴㄹ/ 연쇄다. 표기상으로는 /ㄴ/과 /ㄹ/이 나란히 놓이는 구조지만, 이 두 소리가 연속적으로 발화되는 일은 거의 없다. 왜냐하면 /ㄴ/은 비음, /ㄹ/은 유음으로, 조음 방식이 본질적으로 다르기 때문에, 두 소리가 연달아 나오면 발화가 부자연스럽고 조음상 불편함이 발생한다. 그래서 한국어는 이러한 환경에서 두 음소 중 하나를 바꾸는 방식으로 구조를 조정한다.

이때 적용되는 두 가지 대표적인 음운 현상이 비음화와 유음화다. 일반적인 비음화란, 장애음(예: ㄱ, ㅂ, ㄷ)이 비음(ㄴ, ㅁ, ㅇ)의 영향을 받아 공명도가 높은 비음으로 바뀌는 현상을 말한다. 예를 들어 '국민'은 [궁민], '밥맛'은 [밤맛]으로 발음된다. 이때 'ㄱ'이나 'ㅂ' 같은 장애음이 뒤따르는 비음의 영향을 받아 [ㅇ], [ㅁ]으로 바뀌는 것이다.

한편 유음화는 비음 /ㄴ/이 유음 /ㄹ/과 인접할 때 유음의 영향을 받아 /ㄹ/로 변하는 현상을 말한다. 이때 유음화의 대상은 /ㄴ/ 하나뿐이며, /ㅁ/이나 /ㅇ/ 같은 다른 비음은 해당되지 않는다. 예를 들어 '설날'은 표기상

'설날'이지만, 실제로는 [설랄]로 발음된다. 마찬가지로 '신라', '전라도', '신뢰' 같은 단어에서도 /ㄴ/이 유음화되어 [실라], [절라도], [실뢰]처럼 발음된다.

하지만 /ㄴㄹ/ 연쇄에서의 유음화와 비음화는 이 일반적 정의에서 조금 더 추가된 설명을 필요로 한다. 이 구조에서는 비음 /ㄴ/과 유음 /ㄹ/이 맞닿는 환경에서 둘 중 어느 하나가 다른 하나의 조음 방식으로 변형되며, 구체적인 방향은 단어의 구조와 형태소 경계, 사용 빈도 등에 따라 달라진다.

예를 들어, '인력'은 비음 'ㄴ'이 유음 'ㄹ'의 영향을 받아 [일력]으로 유음화된 형태로 발음된다. 반면, '면류'는 'ㄴㄹ' 구간이 [ㄴㄴ]으로 비음화되어 [면뉴]로 실현된다. 형식적으로 보면 '인력'과 '면류'는 유사한 음소 배열을 가지지만, 하나는 유음화, 다른 하나는 비음화가 적용된다.

이 차이는 단지 조음상의 이유 때문이 아니라, 화자가 해당 단어를 어떻게 인식하고, 어떻게 구조화해 말하고 있는가에 관련된다. 이처럼 /ㄴㄹ/ 연쇄의 조정은 단순한 음운 규칙의 문제가 아니라, 조음의 편의성과 언어 내부의 관습, 의미 구조의 인식까지 포함된 복합적인 구조 조절의 문제다. 그리고 이 복잡성이, 기계가 사람처럼 말하려 할 때 가장 먼저 마주하는 음운 현상의 장벽 중 하나가 된다.

/ㄴㄹ/ 연쇄의 발음, 구조가 아니라 인식이다

/ㄴㄹ/ 연쇄가 항상 같은 방식으로 발음되지 않는 이유는 단순한 음소 배열의 문제 때문만은 아니다. 표기상으로 동일한 구조를 가지더라도, 화자가 그 단어를 어떻게 인식하고, 어떤 단위로 처리하느냐에 따라 발음 실현 방식은 달라질 수 있다. 이러한 인식의 차이는 때로는 형태소 경계의 인식, 때로는 사회적 언어 습관과 사용 빈도, 또는 외래어에 대한 조어 방식에 기인한다.

가령, 앞서 언급된 '면류'와 함께 '면류관'이라는 단어는 모두 /ㄴㄹ/ 배열을 포함하지만, '면류'는 [면뉴]처럼 비음화되어 발음되는 반면, '면류관'은 [멸류관]처럼 유음화 형태로 실현된다.

이러한 차이는 단지 발음 규칙의 적용 여부 때문이 아니다. '면류관'이 기독교 용어로서의 통합된 고정 어휘로 인식되는 데 반해, '면류'는 두 개의 독립된 형태소(면+류)로 인식되어 형태소 경계가 분명히 드러나기 때문이다.

이처럼 발음은 언어 사용자에게 단어가 어떻게 '덩어

리'로 받아들여지는가에 의해 결정되는 경우가 많다. 사용 빈도가 높고 하나의 어휘 단위로 굳어진 단어는 경계를 모호하게 처리하며 유음화되기 쉽고, 낯선 조합이나 학습적 조어는 경계가 보존된 채 비음화로 처리될 가능성이 높아진다.

이런 경향은 외래어에서 특히 두드러진다. 예를 들어 '치킨라이스'는 발음 실현에서 [치킨나이스], [치킬라이스]처럼 유음화와 비음화가 모두 가능하며, 화자의 언어 습관, 음식명에 대한 노출 빈도, 외래어 인식 방식 등에 따라 발음이 달라진다. 마찬가지로 '원룸'은 [원눔] 혹은 [월룸], '온라인'은 [온나인] 혹은 [올라인]처럼 발화 형태가 달라진다. 이처럼 외래어는 음운 구조보다는 조어 방식과 사회적 수용 양식이 발음 실현에 더 큰 영향을 미친다.

TTS 시스템 입장에서 이와 같은 구조는 결정적인 난점이 된다. 기계는 화자처럼 언어의 사회적 맥락이나 조어 역사, 어휘 통합성을 직관적으로 이해하지 못한다. 표기된 문자만으로 발음을 조합하기 때문에, '면류관'과 '면류'의 발음 차이를 같은 규칙 안에서 처리하기 어렵다.

결국 /ㄴㄹ/ 연쇄의 실현은 음소 배열의 문제가 아니

라, 언어 단위의 인식 방식에 달려 있다. 형태소 경계 인식, 단어의 통합성, 사회적 사용 습관과 빈도는 화자에게는 자연스러운 발화의 조건이지만, 기계에게는 그 자체가 선택 불가능한 변수가 되기 쉽다. TTS가 이러한 구조를 처리하려면, 발음을 산출하는 기술적 처리 이전에, 언어 단위를 어떻게 인식하고 구성할 것인가에 대한 설계부터 필요하다.

TTS 실험 결과: 유음화와 비음화의 경계

앞서 살펴본 바와 같이, /ㄴㄹ/ 연쇄는 형태소 경계를 인식하느냐의 여부에 따라 유음화([ㄹㄹ]) 또는 비음화([ㄴㄴ])로 실현된다. 문제는 TTS 시스템이 이와 같은 언어 인식 기반 처리에 매우 취약하다는 점이다. TTS는 의미 단위나 형태소 구조를 이해하지 못한 채, 단순한 문자 배열에 기반해 발음을 생성하기 때문에, 발화의 적절성과 자연스러움이 자주 손상된다.

이를 확인하기 위해 2019년 필자는 총 639개의 /ㄴㄹ/ 연쇄 환경 단어를 대상으로 실험을 진행했다. 두 시스템, 즉 네이버 파파고(NP)와 구글 번역기(GT)의 TTS 엔진에 동일한 단어를 입력하고, 실제 음성 출력이 어떤 방식으로 실현되는지를 비교 분석했다.

그 결과는 다음과 같다. NP 시스템은 607건에서 [ㄹㄹ]형 유음화를 출력했고, 비음화 [ㄴㄴ]형은 29건, [ㄴㄹ]형은 단 3건에 불과했다. 즉, NP는 전체적으로 유음화에 강하게 편향되어 있는 구조를 보였다.

반면 GT 시스템은 331건에서 [ㄴㄴ]형 비음화, 212건에서 [ㄹㄹ]형 유음화, 96건에서는 [ㄴㄹ]형 그대로 출력했다. GT는 NP에 비해 상대적으로 비음화 비율이 높고, 처리 방식이 더 다양하지만, 일관성은 부족하며, 단어에 따라 결과가 흔들리는 경우가 많았다.

예를 들어 '공권력'이라는 단어는 표준 발음상 [공꿘녁]으로 비음화 처리되어야 한다. 그러나 실험 결과 NP는 [공꿜력]처럼 유음화를 출력했고, GT는 일부 경우에는 표준대로 [공꿘녁], 또 다른 경우에는 [공꿜력]을 출력하는 식으로 일관되지 않은 결과를 보였다.

더 흥미로운 점은 문장 맥락에 따라 같은 단어도 발음이 달라진다는 점이다. '결단력'이라는 단어를 세 가지 입력 방식으로 실험했을 때, 아래와 같은 결과가 나타났다.

"결단력은 지도자의 자질이다."

NP: [결달력], GT: [결단녁].

“그의 결단력은 이미 증명되었다.”

NP: [결달력], GT: [결달력].

“결단력” (단독 입력)

NP: [결달력], GT: [결단녁].

같은 시스템(GT) 안에서도 문장 맥락에 따라 [결단녁]과 [결달력]이 혼용되는 양상이 나타났다. 이는 TTS 시스템이 발음 결정에서 의미 흐름이나 문장 구조를 충분히 고려하지 못하고 있음을 보여 준다.

외래어의 경우 이 문제는 더욱 두드러진다. ‘치킨라이스’는 [치킬라이스]와 [치킨나이스]라는 두 발음이 공존할 수 있는 구조인데, 실험 결과 NP는 [치킬라이스], GT는 [치킨나이스]를 출력했다. 이는 TTS가 외래어 내의 형태소 경계를 인식하지 못하고, 단어 전체를 고정된 음성 블록처럼 처리하는 방식을 따르고 있음을 나타낸다.

‘온라인’의 경우도 마찬가지다. 이 단어는 영어의 ‘on’과 ‘line’이라는 복합어 기반 조어이지만, NP는 [올라인], GT는 [온나인]으로 출력했다. 이는 /ㄴㄹ/ 연쇄에 대한 처리 방식이 시스템 간은 물론, 시스템 내부에서도 맥락·위치·습관 인식 없이 결정되고 있다는 명백한 증거다.

이처럼 /ㄴㄹ/ 연쇄의 발음 처리에는 단순한 음운 규칙의 적용을 넘어, 형태소 경계 인식, 발화 맥락 분석, 단어의 통합성 평가 등 고차원적인 언어 인식이 필요하다. 하지만 TTS는 이러한 요소들을 인식하거나 반영할 수 없는 한계를 가진다.

TTS가 이 현상을 좀 더 자연스럽게 처리하려면, ㄴ으로 바뀌느냐, ㄹ로 바뀌느냐를 결정하기 이전에, 단어를 어떤 구성단위로 분석할 것인지, 그리고 그 경계가 의미 흐름 속에서 어떻게 작용하는지를 판단할 수 있는 모델 설계가 전제되어야 한다. 이는 단순한 발음 사전 구축이나 규칙 매핑의 문제를 넘어, 언어 구조의 동적 해석 능력이 요구되는 지점이다.

형태소 경계 인식 실패가 만들어 낸 발음의 흔들림

TTS 시스템이 /ㄴㄹ/ 연쇄 발음을 자연스럽게 처리하지 못하는 근본적인 이유는 단지 발음 규칙을 몰라서가 아니라, 형태소 경계를 인식하지 못하는 구조적 한계 때문이다.

사람은 단어를 볼 때 그것이 어떤 의미 단위로 구성되어 있는지, 그리고 어떤 경계에서 문법적 기능이 나뉘는지를 직관적으로 판단한다. 예컨대 '공권력'은 '공 + 권력', '동원령'은 '동원 + 령'처럼 해석되고, 그 조합 방식에 따라 /ㄴㄹ/ 연쇄 구간에서는 자연스럽게 비음화([ㄴㄴ])가 실현된다. 즉, 발음은 단지 음소 배열에 따라 결정되는 것이 아니라, 화자가 그 단어를 어떤 단위로 구조화해 인식하느냐에 따라 달라지는 것이다.

그러나 TTS는 이러한 인식을 수행하지 못한다. 기계는 입력된 단어를 하나의 문자 블록 혹은 사전 기반의 고정 항목으로 처리할 뿐, 그 내부가 어떤 형태소로 구성되어 있는지, 어떤 의미적 경계를 갖는지를 해석하지 않는다. 그 결과, 규칙을 적용해야 할 위치에서 적용하지 않거나, 반대로 규칙을 적용하면 안 되는 위치에서 유음화([ㄹㄹ])를 잘못 수행하는 일이 반복된다.

이러한 오류는 특히 외래어에서 두드러진다. 예를 들어 '치킨라이스'는 본래 '치킨 + 라이스'라는 합성 구조지만, TTS는 이를 하나의 덩어리로 인식해 [치킬라이스] 또는 [치킨나이스]로 출력한다. 형태소 경계 인식이 생략되거나 무시된 처리 방식이다.

'신라면'과 '진라면'은 실험에는 포함되지 않았지만, 형태소 경계 인식의 혼란이 발음 실현에 영향을 주는 대표적 사례로 자주 거론된다. '신라면'은 '신라'라는 고정 어휘를 참조한 처리 결과로 [실라면]이, '진라면'은 규칙 기반 처리 흐름에 따라 [진나면]이 출력되는 경우가 많다. 이러한 사례는 TTS가 빈도 기반 처리, 사전 어휘 매핑, 음소 배열 규칙에 의존해 일관성 없는 결과를 낳고 있음을 보여 준다.

결국 형태소 인식의 부재는 발음 처리의 유연성과 정합성을 무너뜨리는 핵심 요인이다. 사람은 같은 단어라도 문장 내 위치, 의미 흐름, 강조 대상에 따라 발화 방식을 다르게 조정하지만, TTS는 그 변화 가능성을 인식하거나 반영하지 못한 채, 문자열 기반의 고정 규칙에 따라 출력을 구성한다. 그 결과로 나타나는 발음은 기계적이며, 때로는 맥락을 왜곡하거나 정보 전달을 어색하게 만든다.

이 문제를 해결하기 위해서는, 발음 규칙 이전에 형태소 경계 인식 능력이 전제되어야 한다. TTS가 사람처럼 자연스럽게 말하기 위해서는 단어의 내부를 어떻게 나눌 것인가, 그리고 그 나뉜 경계가 어떤 음운론적, 의미론적 함의를 가지는지에 대한 설계 기준이 필요하다. 이는 단순한 규칙의 정비가 아니라, 언어 단위의 구조를 이해하고 처리하는 방식 자체를 바꾸는 일이다.

유연한 발음을 위한 감각적 설계의 출발점

/ㄴㄹ/ 연쇄의 발음 처리를 통해 드러나는 TTS의 문제는 기계가 규칙을 알지 못해서가 아니라, 언제, 어디서, 어떻게 그 규칙을 적용해야 하는지를 구분하지 못한다는 데에 있다.

화자는 단어를 발화할 때 의미 구조, 어휘 통합성, 발화 맥락 등을 고려해 유음화나 비음화를 직관적으로 선택한다. 반면, TTS는 그러한 인식이 없는 상태에서 문자 배열이나 학습된 규칙을 기계적으로 적용할 뿐이다. 이런 차이는 단순한 발음 오류를 넘어, 의미 전달과 발화 자연스러움 전체에 영향을 미친다.

그래서 필요한 것은 규칙의 재정비가 아니라, 규칙 적용 여부를 조절할 수 있는 판단 구조, 곧 형태소 인식, 문맥 분석, 발음 선택의 유연성을 구현할 수 있는 설계 기반이다. 좀 더 구체적으로는 다음과 같은 조건이 필요할 것으로 보인다.

첫째, 형태소 경계를 감지할 수 있는 구조 분석 능력이다. 단어 내부의 조합 관계나 의미 구성단위를 구분할 수 있어야 한다.

둘째, 고정 어휘와 조어형 어휘를 구분하는 어휘 통합성 판단이다. '신라면'과 '진라면'처럼 표기 구조는 유사하지만 발음 처리 방식이 달라질 수 있는 단어들을 분류할 수 있어야 한다.

셋째, 동일 단어에 대한 복수 발음 처리 체계다. 의미나 상황에 따라 발음이 달라질 수 있다는 전제를 시스템이 수용할 수 있어야 한다.

넷째, 문장 내 맥락에 따른 발음 실현 조정이다. 주변 어절, 문장 정보 흐름, 강조 위치에 따라 발음을 조정할 수 있는 처리 능력이 필요하다.

이러한 설계가 이뤄져야 TTS는 단순히 규칙을 실행하는 기계가 아니라, 발화 조건에 따라 소리를 선택하는 기술로 나아갈 수 있다. /ㄴㄹ/ 연쇄는 그런 설계를 요구하는 수많은 현상 중 하나일 뿐이다. 그러나 그 하나를 제대로 다루는 데에도 언어 인식, 구조 분석, 규칙 선택의 조정이 필요하다는 사실은 TTS 기술이 넘어서야 할 언어 감각의 구조화 문제가 얼마나 복합적인지를 잘 보여준다.

참고문헌

임현열(2019). 한국어 TTS에 적용되는 /ㄴㄹ/ 연쇄의 발음 처리에 대해 – TTS의 발음에 대한 국어 음운론적 관점의 진단. ≪국어국문학≫, 187, 103–135쪽, https://www.kci.go.kr/kciportal/ci/sereArticleSearch/ciSere

ArtiView.kci?sereArticleSearchBean.artiId=ART002481457
임현열(2020). 한국어 TTS 외래어 발음 처리의 문제점과 개선 방안. ≪어문론집≫, 83, 35-62쪽, https://www.kci.go.kr/kciportal/ci/sereArticleSearch/ciSereArtiView.kci?sereArticleSearchBean.artiId=ART002636422

07
강해지는 소리, 복잡한 조건

"그를 안다"는 [안따]일까, [안다]일까?
경음화는 의미에 따라 발음이 달라지는 대표적 현상이다. TTS는 품사나 표기만 보고 선택하지만, 사람은 감정과 맥락으로 발음의 강도를 조절한다.

AI와 윤동주?

경음화란 무엇인가: 말소리의 강도와 긴장

한국어에서 '국가'를 발음할 때 우리는 [국가]라고 하지 않고, [국까]에 가깝게 발음한다. '포옹하다'라는 의미의 '안다' 역시 '그를 안다' 같은 문장에서 [안다]보다는 [안따]로 발음한다. 이처럼, 평소에는 부드럽게 발음되던 자음이 특정한 환경에서는 더 강하고 또렷한 소리로 바뀌는 현상을 우리는 경음화라고 부른다.

경음은 단순히 소리를 세게 내는 것이 아니다. 그 소리는 조음 기관, 특히 후두에 강한 긴장을 주어 내는 발음이며, 세계의 많은 언어에서는 별도의 음소로 구분하지 않지만, 한국어에서는 평음과 경음을 뚜렷이 변별 가능한 음소 대립으로 인식한다. 경음화란 이러한 경음을 만들어 내는 발화 환경을 설명하는 음운 현상이다. 즉, 원래 평음으로 발음되던 자음이 특정한 구조나 조건 아래에서 경음으로 바뀌는 것이다.

표준 발음법은 이러한 경음화가 일어나는 대표적인 환경을 여섯 가지 유형으로 정리하고 있다.

· 장애음 뒤 장애음 경음화: 국가 → [국까], 값지다 → [갑찌다].

· 어간 말 자음 뒤 어미 경음화: 젊지 → [점찌], 삶고 → [삼

꼬].

· 관형형 '-(으)ㄹ' 뒤 장애음 경음화: 할 바 → [할빠], 갈 데 → [갈떼].

· 한자어 유음(ㄹ) 뒤 경음화 : 절도 → [절또], 갈등 → [갈뜽].

· 공명음(ㄴ, ㅁ, ㅇ, ㄹ) 뒤 경음화: 아침밥 → [아침빱], 눈동자 → [눈똥자].

이 규정만 보면 경음화는 비교적 체계적인 규칙처럼 보인다. 하지만 실제 발화에서는 이 규칙들이 항상 일관되게 작동하지 않으며, 말하는 이의 습관, 단어 구조, 문장 안에서의 결합 방식, 발화 맥락 등 다양한 요소에 따라 경음화 여부가 달라질 수 있다.

특히 외래어에서는 이러한 현상이 더 유동적으로 나타난다. '재즈(jazz)'는 표기상 재즈이지만, 현실에서는 [째즈]처럼 발음되는 경우가 많다. '밴드(band)' 역시 표기는 같지만, 음악을 연주하는 그룹이라는 의미의 밴드는 [뺀드]로, 머리에 두르는 띠라는 의미의 밴드는 [밴드]로 발음하는 경우가 일반적이다.

이처럼 외래어의 경음화는 단어의 의미나 사회적 사용 맥락에 따라 달리 실현되며, 표기와 발음 사이의 거리를 더 복잡하게 만든다. 이 장에서는 경음화의 다양한 발생 조건을 살펴보고, 그 복잡한 구조가 발화에서 어떻게 실현되는지를 개관한다.

TTS 시스템이 이러한 현상을 어떻게 처리하고 있는지는 경음화를 개관한 이후에 다루며, 여기서는 먼저 한국어 경음화가 단순한 음소 치환이 아니라, 언어의 구조적 맥락을 반영하는 복합 현상이라는 점을 살펴보고자 한다.

규칙인가 선택인가: 경음화 발생 조건의 복잡성

표준 발음법은 경음화가 일어나는 환경을 여섯 가지 규정으로 정리해 놓고 있다. 하지만 실제 말하기에서 이 규정들이 항상 그대로 작동하는 것은 아니다. 경음화는 특정 자음 배열에 의해 기계적으로 일어나는 현상이 아니라, 단어의 구조, 품사, 형태소 경계, 발화 맥락, 의미 단위까지 다양한 요인이 개입되어 실현 여부가 달라지는 복합 현상이기 때문이다.

예를 들어, '그를 안다'라는 문장에서 '안다'가 '감싸다(hug)'의 의미로 쓰일 경우, 발음은 [안따]처럼 실현된다. 반면, '알다(know)'의 의미일 때는 [안다]로 발음된다.

품사적으로는 둘 다 동사이고, 동일한 표기와 어형이지만, 의미 차이에 따라 경음화 여부가 달라지는 대표적 사례다.

또 다른 예는 '솔방울'이다. 표준 발음은 [솔빵울]이지만, 일상 대화에서는 [솔방울]로 발음되는 경우도 자주 관찰된다. 경음화가 일어나야 할 음운 구조를 가졌지만, 단어가 하나의 덩어리로 인식되거나, 화자의 발화 습관에 따라 평음이 유지되는 경우가 흔하다.

합성어 내부의 경음화 실현 여부 역시 일정하지 않다. 예를 들어 '순댓국'은 [순댇꾹]처럼 경음화가 일어나지만, '순대국밥'은 [순대국빱]처럼 '국'이 평음으로 유지된다. 같은 어근 '국'이 놓인 맥락에 따라 다르게 발음되는 것이다. 참고로 '국밥'에서 '밥'이 경음화되는 것은 발음의 다른 메커니즘에 의한 것이므로 이 맥락에서 논외로 해야 한다.

외래어에서는 경음화의 실현이 더욱 수의적으로 발생한다. '르포 기사'는 [르뽀 기사], '모차르트'는 [모짜르트]로 읽히는 경우가 많다. 이러한 발음은 표기를 기반으로 발음을 하는 외래어의 표준적인 발음 방식에 어긋날 수 있지만, 현실에서는 오히려 자연스럽고 일반적인 발음으로 받아들여지기도 한다.

더욱이, '더블(double)'은 [떠블] 또는 [따블]로, '소시지(sausage)'는 [쏘지지] 또는 [쏘세지]처럼 발음되는 경우도 있다. 이런 경향은 특히 외래어에서 경음화가 발화의 명료성과 리듬 확보를 위한 전략으로 실현된다는 점을 보여 준다.

이처럼 경음화는 단지 자음 두 개가 만나면 생기는 기계적 변화가 아니다. 어절의 구조, 품사의 기능, 문장의 리듬, 심지어 의미의 미묘한 차이까지 고려되어야 비로소 올바르게 예측될 수 있는 현상이다. 우스갯소리를 하나 덧붙이자면, 필자는 [자장면]보다 [짜장면]이 더 맛있게 느껴진다.

TTS가 이를 제대로 구현하지 못하는 이유도 바로 여기에 있다. TTS는 여전히 대부분의 경우 음소 배열이나 품사 정보를 중심으로 경음화 여부를 결정하고 있다. 그러나 이러한 방식으로는 '안다'의 예처럼, 같은 단어라도 문맥과 의미에 따라 다른 발음이 필요한 경우를 적절하게 처리하지 못할 가능성이 있다. 또한 '솔방울'처럼 표준 발음과 실제 발음이 충돌하는 단어, '순댓국'과 '순대국밥'처럼 조합에 따라 경음화 위치가 달라지는 구조에서는 일관된 발음을 산출하지 못하고 흔들리게 된다.

결국 경음화는 규칙에 따라 자동으로 발생하는 현상

이 아니라, 발화자가 맥락에 따라 판단해 선택하는 음운 조절 장치다. 그리고 TTS가 사람처럼 말하려면, 그 판단의 기준과 조절의 감각을 어떻게 기술적으로 구현할 수 있을지를 고민해야 한다.

TTS의 경음화 처리 실태: 오류와 일관성의 흔들림

지금까지 살펴본 경음화의 다양한 조건들은, 그 적용이 단순한 규칙 문제를 넘어 화자의 인식, 단어 구조, 의미 흐름에 따라 결정된다는 점을 분명히 보여 준다.

그렇다면 이러한 복잡한 조건 속에서 TTS 시스템은 실제로 경음화를 어떻게 처리하고 있을까? 이 질문에 답하기 위한 시도 중 하나가 바로 2019년에 진행된 필자의 점검 연구다. 이 연구는 네이버 파파고(NP)와 구글 번역기(GT) 두 시스템을 대상으로, 표준 발음법에서 규정한 6가지 경음화 유형을 중심으로 실제 발화 처리를 점검했다. 연구 결과는 흥미로웠다. NP는 전반적으로 경음화를 규칙대로 잘 반영하고 있었지만, 의미 파악이 필요한 문장 구조나 합성어의 경우 비일관적인 결과를 산출했다. GT는 신경망 기반으로 학습된 시스템임에도 불구하고 오히려 더 많은 오류를 보였다.

예컨대 '삶고'나 '젊지'는 NP에서는 [삼꼬], [점찌]로 경음화되었지만, GT에서는 그대로 [삼고], [점지]처럼 발음되며, 경음화 규칙 적용이 생략되었다.

이러한 경향은 관형형 '-(으) ㄹ' 뒤의 의존 명사에서도 비슷하게 재현되었다. 예를 들어 '할 바', '갈 데', '먹을 줄' 등의 구문에서 NP는 [할빠], [갈떼], [머글쭐]처럼 경음화된 발음을 내었지만, GT는 대부분 평음 형태로 처리했다. 특히 '점', '듯', '지경', '겸' 같은 의존 명사에서는 GT의 경음화 실패 비율이 높았고, '즈음'의 경우에는 6개 중 5건에서 경음화를 적용하지 못했다.

이 실험이 이뤄진 2019년 당시만 해도, 이러한 오류는 기술적으로나 음운론적으로 모두 설명 가능한 수준이었다. 그러나 이후 일부 시스템에서는 업데이트를 통해 오류가 부분적으로 개선되기도 했다. 예를 들어 NP는 관형형 어미 뒤 경음화 처리에서 '것', '줄'처럼 자주 사용되는 구조에서 경음화를 잘 반영하고 있는 경향을 보이며, GT 역시 '삶고', '먹고' 같은 고빈도 조합에서는 점차 자연스러운 경음화 발음을 산출하게 되었다.

하지만 여전히 표준 발음과 실제 산출 결과가 어긋나는 경우가 존재한다. '절도', '갈등', '물질' 같은 한자어 유음 뒤 장애음 구조에서는 표준 발음은 [절또], [갈뜽], [물

찔]이지만, GT는 이를 [절도], [갈등], [물질]로 처리하며 표준을 벗어난 결과를 보였다.

이는 단순한 오류라기보다는 TTS가 표준 발음을 충분히 내장하지 못했거나, 혹은 언중의 비표준 발음 데이터를 잘못 학습한 결과일 가능성도 있다. 즉, 문제는 단순히 경음화가 잘 되었느냐, 안 되었느냐의 문제가 아니다. '어떤 것이 표준인가', 'TTS는 누구의 언어를 모사해야 하는가', '규범과 현실 발음 사이에서 기술은 어떤 선택을 해야 하는가'라는 근본적인 질문으로 이어진다.

경음화는 결국 발음을 조정하는 규칙이기도 하지만, 그보다 더 중요한 것은 청자의 귀에 자연스럽게 들리는지다. 그리고 TTS가 사람처럼 말하기 위해 가장 먼저 배워야 할 것도 바로 이 자연스러움이다. 그 자연스러움은 하나의 규칙으로 수렴되지 않는다. 규범과 현실, 규칙과 예외, 선택과 판단이 얽혀 있는 언어 감각의 다층성 속에서만 가능해진다.

외래어에서의 경음화: 표기와 발음의 어긋남

경음화 현상은 외래어에서 더욱 복잡한 양상으로 나타난다. 그 이유는 명확하다. 외래어는 본래 한국어 체계 안에서 생성된 단어가 아니기 때문에, 음소 배열이나 조음 방식이 한국어의 음운 규칙과 정확히 일치하지 않는다. 게다가 외래어는 표기 방식도 한글로의 차용 규칙, 즉 외래어 표기법과 심의 위원회의 심의 결과에 따라 다양하게 결정되며, 표기와 실제 발음, 사회적 사용 간의 불일치가 쉽게 발생하는 환경을 갖는다. 외래어 경음화는 바로 이 불일치의 가장 뚜렷한 지점 중 하나다.

외래어 발음의 표준은 대부분 외래어 표기법에 따라 평음으로 설정되어 있지만, 현실 발화에서는 경음화된 형태가 널리 사용되는 경우가 많다. 이러한 괴리는 단지 음운 규칙의 유무에서 비롯된 것이 아니라, 한국어 화자가 외래어를 어떻게 자기화해 발음하느냐에 대한 집단적 직관에서 비롯된다.

예를 들어 '카페(café)'는 표기상으로는 [카페]가 맞지만, 일상 대화에서는 [까페]로 발음되는 경우가 훨씬 더 흔하다. 이러한 경음화는 문맥상 더 자연스러운 리듬을 만들어 내고, 단어 자체의 어감을 외국어 원어의 발음과 유사하게 흉내 내면서 좀 더 선명하게 하는 기능을 수행하기도 한다.

'복싱(boxing)' 역시 표기상으로는 [복씽]이 표준이지만, [뽁씽]처럼 어두 경음화된 발음이 더 많이 들린다. 이러한 경음화는 어두 경음화라고 별도로 범주화되는 발음인데, 이는 발화의 명료성과 조음상의 강세 확보를 위한 전략으로 작용하는 것으로 보인다.

조금 다른 유형의 사례로는 단위를 나타내는 '센티미터(centimeter)'가 있다. 이 단어는 [센티미터]가 표준 표기상 발음이지만, 실제로는 [쎈치미터]처럼 발음되는 경우가 훨씬 더 많다. 여기에는 두 가지 음운 현상이 동시에 작용한다. 첫째, 어두의 경음화가 자율적으로 일어나고, 둘째, '티'가 '치'로 변하는 구개음화라는 한국어 고유의 음운 규칙이 외래어에까지 적용되는 것이다. 이것은 외래어의 발음이 단지 표기를 따르지 않고, 화자의 언어 습관과 한국어 내부의 음운 구조에 따라 변형되며 수용된다는 점을 잘 보여 주는 사례다.

TTS가 이러한 외래어 경음화 현상을 처리하기 위해 직면하는 가장 큰 문제는, 이런 단어들이 표준 발음이 명확하지 않거나 사실상 존재하지 않는 경우가 많다는 점이다. 외래어의 발음은 표기법과 유추 규칙에 따라 생성되는 것이 아니라, 화자 집단의 실제 발화 경험과 사회적 수용성에 기반한 선택적 조정 결과이기 때문이다.

예를 들어 '차르(tsar)'는 [차르]가 표기상으로 자연스러운 발음이지만, 대부분은 [짜르]로 경음화된 형태로 발화된다. 이 경우에는 경음화가 특정 단어에 대한 발화 관습으로 고착된 결과이며, TTS가 이 단어를 평음으로만 처리할 경우, 오히려 사용자에게 어색하게 들릴 수 있다.

화가 '클레(Klee)'의 이름도 마찬가지다. 전시 안내나 교육 콘텐츠에서는 [클레]로 읽지만, 실제로는 [끌레]처럼 경음화되어 발음되는 경우도 빈번하다. 이는 외래어 고유 명사에 한국어의 조음 리듬이 개입된 결과이며, 청자에게는 오히려 더 자연스럽게 들릴 수 있다.

이처럼 외래어 경음화는 단지 음운 규칙의 문제가 아니다. TTS가 특정 단어를 언제, 누구에게, 어떤 상황에서 발화하느냐에 따라 적절한 발음을 선택해야 하는 상황 인식의 문제다. TTS가 외래어의 발음을 생성할 때, 단어별 예외 사전만으로는 이 복잡한 현실을 따라잡기 어렵다. 발음의 정확성뿐 아니라, 발화 상황에서의 수용성과 청자의 인식 감각까지 고려하는 발음 설계가 필요하다. 외래어 경음화는 TTS가 정확히 말하는 기계에서 사람처럼 조절하는 기계로 진화해야 하는 이유를 가장 분명히 보여 주는 사례 중 하나다.

자연스러운 경음화 처리를 위한 설계 조건

경음화는 단지 음운 규칙을 적용하는 문제로만 다뤄질 수 없다. 그것은 언제 소리를 강하게 만들고, 언제 그러지 말아야 하는지를 문맥, 의미, 강조, 화자의 습관, 발화 환경까지 종합적으로 고려해 선택할 수 있어야 하는 문제기도 하다. 그리고 바로 이 선택의 문제를 해결하는 데 TTS는 아직 충분히 다가서지 못하고 있다.

현행 TTS 시스템은 대체로 정해진 발음 사전과 규칙 기반 알고리즘을 바탕으로 경음화 여부를 결정한다. 하지만 이 방식은 두 가지 한계를 드러낸다. 하나는, 표준 발음을 따르더라도 현실 발화의 리듬이나 청자의 기대에 어긋나는 경우가 많다는 점이고, 다른 하나는, 경음화를 적용해야 하는 환경에서도 그 구조를 인식하지 못해 평음을 유지하는 오류가 반복된다는 점이다.

이러한 문제를 보완하기 위해서는 발음 처리 방식 자체에 대한 재설계가 필요하다. 무엇보다 TTS는 단어 중심의 고정된 사전이 아니라, 현실 발화에서 실현되는 경음화 양상을 반영할 수 있는 유연한 구조를 갖출 필요가 있다.

앞서 살펴본 것처럼, 경음화는 단순한 규칙의 문제를 넘어선다. 표면적인 자음 배열이나 어미 연결만으로 경음화 여부를 판단할 수는 없으며, 문맥, 의미, 강조, 화자의 습관, 발화 환경까지 종합적으로 고려해 선택할 수 있어야 하는 문제이기도 하다. 그리고 바로 이 선택의 문제를 해결하는 데 TTS는 아직 충분히 다가서지 못하고 있다.

현행 TTS 시스템은 대체로 정해진 발음 사전과 규칙 기반 알고리즘을 바탕으로 경음화 여부를 결정한다. 하지만 이 방식은 두 가지 한계를 드러낸다. 하나는 표준 발음을 따르더라도 현실 발화의 리듬이나 청자의 기대에 어긋나는 경우가 많다는 점이고, 다른 하나는 경음화를 적용해야 하는 환경에서도 그 구조를 인식하지 못해 평음을 유지하는 오류가 반복된다는 점이다.

이러한 문제를 해결하려면, 경음화가 작동하는 조건에 대한 보다 맥락적인 판단 구조가 TTS 시스템에 필요하다. 단어의 구조나 품사뿐 아니라, 형태소 경계, 문장 내 위치, 의미 강조 등 발음 실현에 영향을 미치는 다양한 요소를 조합적으로 고려하는 방식이 필요하다.

더불어 발화 환경이나 콘텐츠 유형에 따라 발음을 유연하게 조정할 수 있는 선택적 발음 설정 기능도 검토될 수 있다. 예컨대 뉴스 콘텐츠와 광고 내레이션은 발음의 명료성과 수용성 면에서 서로 다른 기준을 요구한다. TTS는 이런 차이를 반영해 사용자 혹은 시스템 운용자에게 발음 스타일을 조정할 수 있는 권한을 제공할 수 있어야 한다.

이처럼 경음화는 음운 규칙을 기계적으로 적용하는 차원이 아니라, 언어 사용 환경과 청자의 감각까지 아우르는 조절 가능한 설계의 문제로 접근되어야 한다. 그리고 이 접근이 가능할 때, TTS는 단순한 규범 낭독을 넘어 더 유연하고 현실 친화적인 발화를 생성할 수 있을 것이다.

참고문헌

임현열(2019). 한국어 TTS 경음화 발음의 국어학적 점검. ≪한말연구≫, 54, 207-232쪽, https://www.kci.go.kr/kciportal/ci/sereArticleSearch/ciSereArtiView.kci?sereArticleSearchBean.artiId=ART002543767

임현열(2020). 한국어 TTS 외래어 발음 처리의 문제점과 개선 방안. ≪어문론집≫, 83, 35-62쪽, https://www.kci.go.kr/kciportal/ci/sereArticleSearch/ciSereArtiView.kci?sereArticleSearchBean.artiId=ART002636422

08
운율이라는 시험대

“참 잘했어요”는 말투에 따라 칭찬일 수도, 반어일 수도 있다. 운율은 말의 의미와 태도를 결정짓는 핵심이지만, TTS는 억양과 길이를 정형화한다. 기계가 말에 생명력을 부여하려면 운율을 다시 배워야 한다.

AI와 한의학?

운율이란 무엇인가: 분절을 넘어선 리듬

사람의 말을 들을 때 우리는 단어 하나하나를 따로따로 인식하지 않는다. 단어는 흐름 속에서 이어지고, 멈추고, 높낮이가 바뀌며, 강약이 조절되면서 의미를 전달한다. 이러한 소리의 흐름과 구조를 형성하는 요소들을 통틀어 운율이라 부른다. 운율은 음소처럼 분절 가능한 단위가 아니라, 그 위에서 시간적으로 확장되며 실현되는 초분절적 특성이다.

음운론에서는 이 초분절적 특성을 일컬을 때 다양한 용어가 사용된다. 억양, 리듬, 강세, 휴지 등이 대표적인 세부 항목이며, 이들을 포괄하는 가장 일반적인 용어로 운율이 널리 쓰인다. 다시 말해, 운율은 분절음의 조합만으로 설명할 수 없는 비분절적 요소들의 총체로, 소리의 주기, 진폭, 그리고 그 변화 양상을 통해 의미와 태도를 구성하는 방식이라고 할 수 있다.

예를 들어 "참 잘했어요"라는 문장을 떠올려 보자. 이 문장은 상황과 억양에 따라 전혀 다른 메시지를 전달한다. 밝고 상향적인 억양으로 발화되면, 아이를 칭찬하는 따뜻한 말이 된다. 반대로, 낮고 느린 톤으로 "참~ 잘했어요…" 하고 말하면, 비꼬거나 냉소적인 반어의 효과를 강하게 전달한다. 혹은 과장된 리듬과 멈춤이 섞이면,

농담이나 연극적인 말투로도 들릴 수 있다.

이처럼 운율은 단어가 아니라 발화 전체를 단위로 작동하며, 언어의 정보 구조와 화자의 감정 상태까지 드러내는 핵심 장치가 된다. 그렇기 때문에 텍스트를 낭독하는 기술, 특히 TTS는 이 운율을 구현하는 데서 큰 어려움을 겪는다. 과거 TTS가 이른바 로봇 소리라는 오명을 썼던 것도, 운율적 요소가 충분히 반영되지 못해 사람의 말소리처럼 들리지 않았기 때문이었다. 단어는 분명히 맞는데도 어색한 이유는, 운율이 주는 말의 숨결이 사라져 있었기 때문이다.

운율에 관한 언어학적 이론은 매우 풍부하고 세분화되어 있으며, 이를 다양한 용어와 틀로 설명할 수 있다. 그러나 임현열(2023)의 연구에서는 이 복잡한 구조를 직관적으로 분해하기 위해, 길이(length), 높이(pitch), 세기(intensity)라는 세 가지 물리적 속성으로 운율을 구분해 분석하는 방식을 제안한다. 이 구분은 엄밀한 언어학적 범주라기보다는, 음향적 측정과 기술적 구현을 염두에 둔 실용적 설명 방식이다.

언어학자의 입장에서는 이러한 구분이 다소 낯설 수 있지만, 기계가 말소리를 처리해야 하는 입장에서는 반드시 필요한 음향 기반의 분할 방식이기도 하다. 말소리는 본질적으로 주기성과 진폭, 그리고 그 중첩 패턴의 시간적 변화로 구성된 물리적 신호이며, 그 위에 실현되는 운율은 청자의 인지와 감정 해석을 이끄는 복합 요소다. 따라서 운율을 이런 세 가지 물리적 축 위에서 구분하는 일은 기술과 언어 사이의 연결 지점을 확보하려는 시도로 볼 수 있다.

이 장에서는 길이, 높이, 세기라는 세 가지 운율 요소를 중심으로, TTS가 무엇을 놓치고 있는지를 단계적으로 살펴보며, 기계의 말소리가 사람의 말처럼 들리기 위한 조건들을 구체적으로 점검해 보고자 한다.

길이: 속도와 멈춤, 그 사이의 리듬

사람은 언제나 일정한 속도로 말하지 않는다. 문장이 길어지면 숨을 쉬기 위해 잠시 멈추고, 중요한 단어 앞에서는 속도를 늦추며, 의미 단위를 나누기 위해 쉼표 없는 자리에서도 휴지를 삽입한다. 말하기는 텍스트를 낭독하는 일이 아니라, 속도와 멈춤을 조절하며 리듬을 만들어 내는 행위다.

이때 조절의 핵심이 바로 길이다. 길이는 단지 음절의 지속 시간을 의미하는 것이 아니다. 발화의 속도, 어절 사이의 간격, 휴지(pause)의 유무와 길이 등 시간적으로 배분되는 모든 요소가 길이에 포함된다.

예를 들어, "진짜… 그랬단 말이에요?"라는 문장에서 "진짜" 뒤의 침묵은 단순한 쉼이 아니다. 그것은 강한 의심, 놀라움, 혹은 비판적 감정을 전달하는 표현 전략이다. 이 침묵은 말보다 많은 의미를 담는다. 말을 멈추는 방식도 말의 일부라는 점에서, 침묵 역시 분명한 운율 요소에 속한다.

특히 화제를 제시할 때, 예컨대 '은/는' 조사 뒤에 오는 구절 앞에는 자연스럽게 짧지만 의미 있는 멈춤이 삽입된다.

가령, "내가 강조하고 싶은 문제는… 아직 해결되지 않았다." 이러한 타이밍은 청자에게 "지금부터 중요한 얘기가 나온다"라는 신호를 주고, 청자의 집중을 유도해 의사소통의 흐름을 부드럽게 이어 준다. 다시 말해, 휴지는 단지 '멈춘 시간'이 아니라 정보 구조와 화자의 의도를 드러내는 운율적 장치다.

그러나 TTS는 이 휴지를 잘 구현하지 못한다. 대부분의 시스템은 속도와 휴지를 문장 부호(쉼표, 마침표)나 고정된 길이 패턴에 따라 일괄적으로 처리한다. 발화의 리듬은 표면 구조에 따라 결정되며, 화용적 기능은 반영되지 않는다. 그 결과 사람은 직관적으로 이해할 수 있는 구조에서 의미를 잃고, 기계의 말은 부자연스럽게 느껴진다.

다음 장에서 좀 더 상세히 살펴보겠지만, 2023년 필자의 연구에 따르면, TTS는 전체 발화 시간은 일정하게 유지하지만, 단어별 시간 배분이나 휴지의 위치·길이에서는 인간과 현저히 다른 양상을 보인다. 휴지는 지나치게 짧거나, 문법적 경계와 무관하게 어색한 지점에 삽입되며, 듣는 이는 정보 구조의 흐름을 놓치게 되고, 리듬의 끊김을 체감하게 된다.

길이는 결국 발화의 리듬과 의미 구조를 동시에 지탱하는 음향적 기반이다. 속도의 변화는 의미 강조, 휴지의 타이밍은 정보 구성, 멈춤의 위치는 의사소통의 설계를 결정한다. TTS가 사람처럼 말하려면, 길이를 계산하는 기술을 넘어, 언어 구조와 화용적 흐름에 기반한 조절 전략을 갖추어야 한다.

높이: 목소리의 곡선을 따라가다

사람의 말에는 고저가 있다. 같은 문장도 어떤 음높이(pitch)로 말하느냐에 따라 질문이 될 수도 있고, 감탄이 될 수도 있으며, 때로는 경고나 농담처럼도 들릴 수 있다.

이렇게 소리의 높낮이를 통해 의미와 태도, 감정과 상호 작용을 조율하는 요소가 바로 운율의 핵심, 피치(pitch)다. 피치는 음향학적으로는 성대의 진동 주파수(fundamental frequency, F_0)를 기반으로 측정된다.

그러나 말하기에서의 피치는 단지 수치로 고정된 높이가 아니라, 말의 시간 흐름에 따라 변화하는 곡선이다. 우리는 이 곡선을 통해 강조하고, 완급을 조절하고, 의미의 윤곽을 그린다.

예를 들어 "그랬어요?"라는 문장은 문장 끝의 피치 상승이 뚜렷하게 나타나야 의문으로 인식된다. 반면, 피치가 일정하게 유지되거나 떨어지면 감탄이나 독백처럼 들릴 수 있다. 이처럼 피치는 문장의 기능을 결정하는 신호이자, 청자가 기대하는 리듬을 형성하는 장치다.

하지만 TTS는 이 피치를 충분히 구현하지 못한다. 대부분의 시스템은 평균값을 중심으로 단조로운 고저 패턴을 유지하거나, 올라가야 할 자리에서 안 올라가고, 내려와야 할 자리에서 어색하게 멈추는 식의 부정확한 조절을 보여 준다. 그 결과 pitch flattening, 즉 납작한 억양이 형성되고, 청자는 의미보다는 기계음 특유의 어색함을 먼저 인식하게 된다.

이러한 단조로움은 단순한 기술 미비만의 결과는 아

니었다. TTS 개발 초창기에는 피치 변화가 역동적으로 구현될수록 현실감이 높아지기도 했지만, 동시에 의미 왜곡이나 감정 전달의 실패가 발생하는 경우도 많았기 때문에, 일부 시스템은 의도적으로 피치 변화를 억제하거나 최소화하는 설계를 택했다. 너무 자연스러워지면 오히려 불쾌하거나, 신뢰감을 잃을 수 있다는 판단도 기술 설계에 영향을 미쳤을 것으로 짐작된다.

그러나 최근에는 상황이 달라지고 있다. 딥 러닝 기반 TTS 모델들은 피치를 고정 값으로 처리하는 대신, 문맥에 따라 다양하게 변화하는 억양 곡선을 학습할 수 있는 능력을 갖추기 시작했다.

특히 감정 표현이 중요한 콘텐츠(예: 오디오북, 상담형 AI, 음성 캐릭터 등)에서는 의도적인 피치 변화, 감정 억양, 리듬 조절이 다시 강조되고 있다.

피치의 또 다른 중요한 특성은 화자 내부에서의 편차다. 사람은 기계처럼 항상 같은 톤으로 말하지 않는다. 기분, 피로, 상황, 상대방에 따라 피치의 범위와 패턴은 자연스럽게 달라진다. 이러한 화자 내 조정 능력은 언어 소통에서 매우 자연스러운 특성이지만, TTS는 여전히 고정된 피치 범위, 낮은 피치 변이도를 유지하는 경향이 강하다. 이러한 균일성은 안정감을 줄 수 있다고 생각할 수 있다. 하지만 그것은 그와 동시에 말의 생명력을 앗아 간다.

결국 피치는 수치 이상의 의미 구조를 담은 곡선이다. 그 곡선은 문장의 목적을 결정하고, 청자의 기대를 조율하며, 말의 감정을 전달하는 통로가 된다. TTS가 사람처럼 말하려면, 이 곡선을 정확히 계산하는 기술이 아니라, 자연스럽게 설계할 수 있는 감각이 필요하다.

세기: 강조와 감정의 무게

말을 하다 보면 어떤 단어는 강하게, 어떤 단어는 부드럽게 말하게 된다. 이러한 강약의 조절은 단지 발성의 세기를 넘어, 문장의 구조와 의미, 감정 표현, 리듬의 구성까지 깊이 관여하는 운율 요소다. 이때 사용하는 것이 바로 세기(intensity)로, 이는 발화자가 특정 구간의 말소리에 싣는 '상대적인 힘'을 의미한다.

많은 사람은 TTS의 세기 조절을 단순히 기계적 음량, 즉 볼륨으로 오해할 수 있다. 즉, 말을 더 세게 하려면 그냥 볼륨을 높이면 된다고 생각하기 쉽다. 그러나 여기서 말하는 세기는 전체 음량 조절이 아니라, 문장 내에서 특정 단어 혹은 음절이 다른 부분보다 상대적으로 얼마나 강조되느냐를 가리킨다.

예를 들어 사람은 "그건 정말 잘했어요"라고 말할 때, "정말"을 강조하면 감탄과 놀라움의 정서를 드러낼 수 있고, "잘했어요"에 힘을 실으면 따뜻한 칭찬의 느낌이 강하게 전달된다. 반대로, 모든 단어가 같은 세기로 낭독되면 감정의 무게감이 사라지고, 말의 맥락도 흐려지게 된다.

세기는 음향적으로는 음압이나 진폭으로 측정된다. 기술적으로는 최대 진폭, 평균 제곱 진폭 등이 기준이 될 수 있다. 그러나 수치로 측정할 수 있다는 것이 곧 그 감각까지 구현할 수 있다는 뜻은 아니다. 실제로 TTS는 세기 조절에 큰 어려움을 겪는다. 많은 시스템이 모든 단어를 균등한 세기로 처리하거나, 학습된 억양 패턴에 따라 의미와 무관한 곳에 강세를 배분한다. 그 결과 중요한 단어가 아무 무게 없이 지나가거나, 감정이 실려야 할 지점에서 오히려 무표정한 낭독이 이뤄지는 현상이 나타난다.

청자는 그 말을 '듣는' 것이 아니라 '읽히는 소리'로 인식하게 되고, TTS는 정보는 전달하지만 감정은 소거된 말소리로 들리게 된다. 특히 세기 조절은 앞서 다룬 길이와 높이에 비해 수의성이 높고, 맥락 의존성이 강한 특성을 지닌다. 같은 문장이라도 화자의 의도나 청자의 기대,

혹은 발화가 이뤄지는 장르(뉴스, 동화, 대화)에 따라 강조 위치가 달라질 수 있다. 즉, 규칙화된 방식으로는 적절하게 반영하기 어려운 영역이지만, 그렇다고 해서 배제할 수 있는 요소도 아니다.

이러한 미세한 세기 조절은 특히 공감과 감정 몰입이 중요한 콘텐츠, 예를 들어 오디오북, 캐릭터 음성, 상담형 AI 응대, 광고 내레이션 등에서 더욱 중요한 역할을 한다. 세기 하나만으로도 청자가 집중할 단어를 정해 주고, 화자의 태도를 전달하고, 문장의 분위기를 바꿔 놓을 수 있기 때문이다.

TTS 시스템이 이를 반영하지 못하면, 결국 기계는 말을 읽는 존재에 머무르고, 말의 설득력과 감정은 사용자에게 닿지 않는다. 세기는 단순히 소리를 크게 내는 문제가 아니라, 발화의 무게와 방향을 조율하는 선택의 기술이며, TTS가 진정한 화자로 거듭나기 위해 반드시 배워야 할 감각 중 하나다.

운율의 수치화와 선택: 확산 기반 운율 모델이 말해 주는 것들

길이, 높이, 세기처럼 운율은 측정 가능한 음향 정보기도 하다. 하지만 사람의 말에서 운율은 수치만으로 결정되지 않는다. 속도의 조절, 억양의 굴곡, 강조의 세기 등은 모두 상황에 따라 달라지며, 발화의 흐름 속에서 선택되고 조정되는 감각의 조합이다.

그런데 TTS는 이 조합을 오랫동안 평균값이나 고정된 규칙에 따라 처리해 왔다. 예를 들어 "~했어요?" 같은 문장이 항상 같은 억양 곡선으로 낭독되거나, 모든 쉼표가 동일한 길이의 멈춤으로 구현되는 현상은, 운율을 정적인 예측값으로 다룰 때 나타나는 어색함의 대표적인 사례다.

이런 한계를 넘어서려는 최근의 시도 중 하나가 확산 기반 운율 모델(DiffProsody)이라는 모델이다. 확산 기반 운율 모델은 운율을 하나의 정답으로 고정하지 않고, 확률적 생성 과정 속에서 다양한 운율의 가능성을 탐색하는 방식으로 접근한다. 즉, 운율을 예측하는 것이 아니라 형성해 나가는 감각의 흐름으로 본다. 이 모델의 핵심은 세 가지 방향에 있다.

· Diffusion-based generation(확산 기반 생성):
운율을 단일 예측값이 아닌, 노이즈를 제거해 가며 자연스러운 흐름을 구성하는 방식으로 생성한다.

· Latent prosody representation(잠재 운율 표현):

운율 자체를 직접 다루는 것이 아니라, 잠재 공간(latent space)에 존재하는 운율의 벡터를 학습하고 조절함으로써 같은 문장이라도 감정, 리듬, 의도에 따라 다양한 억양이 가능하게 만든다.

· Prosody-conditional adversarial training(운율 조건부 적대적 학습):
생성된 운율이 자연스러운지를 판단하는 판별자(discriminator)를 함께 학습시켜, "사람의 말처럼 들리는가?"라는 질문을 스스로 평가할 수 있도록 설계한다.

이러한 접근은 기존의 TTS가 지향하던 정확한 평균값의 재현이 아니라, 다양한 감각적 조건 속에서 가장 자연스러운 흐름을 선택하려는 시도라고 볼 수 있다.

물론 확산 기반 운율 모델 역시 완전한 해답은 아니다. 감정이 과장되거나, 문장 구조와 억양 사이의 불일치가 여전히 발생하며, 운율의 선택이 맥락과 정서에 충분히 조응하지 못하는 경우도 있다.

하지만 중요한 것은, 이 모델이 보여 주는 기술의 방향이다. 운율은 수치로만 예측할 수 없는 영역이며, 감각적으로 판단되어야 하는 영역이라는 인식이 점차 기술 안에 들어오기 시작했다. 기계가 사람처럼 말하려면, 운율은 계산의 대상이 아니라 선택의 대상이 되어야 한다. 확산 기반 운율 모델은 그 전환의 출발선에서, 기술이 언어의 감각을 어떻게 수용하려 하는지를 보여 주는 중요한 사례다.

기계의 리듬, 사람의 리듬: TTS와 운율 설계의 미래

운율은 말하기에서 가장 인간적인 요소다. 그것은 소리의 흐름을 만들고, 의미의 결을 나누며, 감정과 태도를 드러낸다. 사람의 목소리가 사람처럼 들리는 이유, 그리고 기계의 목소리가 여전히 낯설게 들리는 이유는 대부분 이 운율의 차이에서 비롯된다.

사람은 언제나 같은 속도, 같은 억양, 같은 강세로 말하지 않는다. 문맥과 감정, 관계와 의도에 따라 말의 흐름은 조정되고 변화한다. 속도는 줄어들고, 높이는 출렁이며, 강세는 쏠렸다가 흩어진다. 이 불균형과 비대칭, 순간의 조정이 말의 생명력을 만들어 낸다.

반면, TTS 시스템은 지금까지 운율을 규칙 기반의 예측 문제로 다뤄 왔다. 길이는 일정하고, 높이는 평탄하며, 세기는 반복된다. 그 결과 기계의 말은 완성도는 높지만, 말의 감각은 빠져 있다.

이제는 전환이 필요하다. 운율은 더 이상 수치의 집합이나 규칙의 출력으로만 설명할 수 없다. 운율은 말소리의 겉모습이 아니라, 의도를 담는 흐름, 상호 작용을 설계하는 기술, 의미를 실어 나르는 리듬이다. 확산 기반 운율 모델 같은 시도들은 이런 전환의 신호탄이다. 운율을 확률적 흐름으로 보고, 감각의 선택 영역으로 인식하려는 접근은, 기계가 단지 규칙을 따르는 존재가 아니라, 발화자의 역할을 모사할 수 있는 조건을 만들어 가고 있다.

하지만 여전히 갈 길은 멀다. 기계가 사람처럼 말하기 위해 필요한 것은, 정확하게 읽는 기술이 아니라, 적절하게 말하는 감각이다. 그 감각은 계산으로만 얻어질 수 없다. 청자의 반응을 고려하고, 맥락의 의미를 조정하며, 듣는 이를 향해 방향을 잡는 말하기의 리듬은, 기계가 가장 늦게 배우게 될 능력이자, TTS 기술이 마지막까지 도달해야 할 언어의 영역이다.

참고문헌

임현열(2021). What Makes Uncanny Valley in Korean TTS?. ≪중앙대학교인문콘텐츠연구소학술대회발표집≫, 1-24쪽, http://aihumanities.org/ko/academic/domestic/?board_page=3&vid=17

임현열(2023). 한국어 음성합성 기술의 초분절음 진단 체계: 언어치료용 AI에 적용될 기술을 예시로 하여. ≪인문과학연구≫, 78, 297-317쪽, https://www.kci.go.kr/kciportal/ci/sereArticleSearch/ciSereArtiView.kci?sereArticleSearchBean.artiId=ART003004135

09

속도라는 리듬, 인간과 AI의 차이

같은 문장도 속도에 따라 다르게 들린다. 사람은 문맥에 따라 발화 속도를 조절하지만, TTS는 리듬을 일정하게 유지한다. 속도는 감정과 의미의 신호라는 점에서, 기술의 다음 과제가 된다.

AI와 화장품?

속도는 왜 중요한가

사람은 말을 할 때 언제나 같은 속도로 말하지 않는다. 생각이 빠르면 말도 빨라지고, 신중할수록 말이 느려진다. 강조하고 싶은 말 앞에서는 속도를 늦추고, 감정을 담고자 할 때는 잠시 멈추며, 말의 리듬과 구조를 조절한다. 이처럼 발화 속도는 단순한 시간의 문제가 아니라, 말의 의미와 태도, 감정과 구조를 함께 조절하는 운율적 수단이다.

속도는 발화의 전체 흐름을 결정짓는 핵심 리듬이다. 적절한 속도는 말의 명료성과 집중도를 높이고, 청자에게 발화의 의도와 정보 구조를 더 효과적으로 전달할 수 있게 한다. 반대로 속도 조절이 되지 않는 발화는 아무리 정확하게 발음되었더라도 기계적이고 부자연스러운 느낌을 준다. 속도는 운율 요소 중에서도 청자가 즉각적으로 체감하는 발화의 자연스러움과 직결되는 특성을 지닌다.

하지만 현재 대부분의 TTS 시스템은 이 속도 조절 능력에서 큰 한계를 드러낸다. 대다수의 TTS는 모델 학습 과정에서 설정된 일정한 말하기 속도를 유지하며, 문장의 길이나 문맥적 구조, 강조나 감정의 흐름에 따라 속도를 조절하거나 멈춤을 삽입하는 능력이 거의 없다. 그 결과, 말의 템포가 지나치게 균일하고 평탄하게 느껴진다.

특히 문장이 길어질 때, 사람의 발화는 자연스럽게 속도를 늦추며 의미 단위를 구분하지만, TTS는 문장이 길어져도 말하기 속도가 거의 변하지 않는 경향을 보인다. 모든 단어가 동일한 속도로 처리되고, 종결부에서도 속도의 완급 조절이 이뤄지지 않아 청자는 문장의 리듬에서 감정적 여운이나 의미적 긴장을 거의 느낄 수 없다.

속도는 단순한 발화 속도의 문제가 아니다. 속도는 리듬이고, 강조이며, 의미의 타이밍이다. 그것은 어떤 단어를 빠르게, 어떤 단어를 천천히 말할지를 결정하는 화자의 판단과 청자의 기대 사이에서 형성되는 발화의 시간 구조다.

이 장에서는 바로 이 속도라는 운율 요소를 중심으로, TTS의 발화가 인간 발화와 어떻게 어긋나고 있는지, 그리고 그 어긋남을 수치적 비교와 기술적 분석을 통해 실증적으로 살펴볼 것이다. 그리고 그 분석을 통해 속도가 단지 빠르거나 느린 문제가 아니라, 발화의 자연스러움, 의미 흐름, 감정 전달까지 영향을 미치는 복합적인 운율 구조임을 보여 줄 것이다.

무엇을 어떻게 비교했나: 발화 속도 실험 개요

발화 속도가 말하기의 자연스러움을 구성하는 핵심 운율 요소라면, 그 자연스러움은 수치적으로도 비교 가능해야 한다. 이 장에서는 인간 자연 발화와 AI TTS 발화의 속도 차이를 실증적으로 비교한 연구를 바탕으로, TTS가 말의 리듬을 얼마나 잘 재현하고 있는지를 점검하고자 한다.

실험은 크게 두 집단을 대상으로 수행되었다. 첫 번째는 실제 사람 화자들이 발화한 자연스러운 말뭉치이며, 두 번째는 동일한 문장을 국내외 주요 TTS 시스템(예: 네이버 클로바, 구글 클라우드 등)을 통해 생성한 음성이다. 두 집단 모두 동일한 문장들을 발화하도록 해 문장 자체의 의미나 구조로 인한 속도 차이를 제거하고, 오로지 발화 주체의 차이에 따른 속도 특성의 차이만을 비교할 수 있도록 설계되었다.

분석 단위는 초당 음절 수(Syllables Per Second, SPS)였다. 이는 전체 발화 길이(초) 대비 실제 발화된 음절 수를 기준으로 계산된 값으로, 일반적인 말하기 속도 비교에서 가장 널리 사용되는 단위다. 이와 함께 변동 계수(Coefficient of Variation, CV)도 함께 분석되었다. CV는 평균에 대한 표준편차의 비율로, 속도의 일관성 혹은 유연성을 수치화한 지표다.

분석에는 파셀마우스(Parselmouth)라는 파이썬 기반 음향 분석 도구가 사용되었다. Parselmouth는 음성 데이터로부터 발화 구간을 자동으로 추출하고, 음소, 음절 단위의 길이 정보를 수집하는 데 특화되어 있으며, 프라트(Praat) 기반의 분석 알고리즘을 스크립트로 구현할 수 있는 장점을 지닌다.

문장은 총 930개로 구성되었으며, 길이와 구조가 다양한 문장을 포함해 속도의 변화 가능성을 다양하게 관찰할 수 있도록 설계되었다. 문장 길이는 3단계로 나누어 짧은 문장, 중간 길이 문장, 긴 문장으로 구분될 수 있었으며, 이는 문장 길이에 따른 속도 조절 양상을 비교하기 위한 변수로 활용되었다.

실험 설계는 다음과 같은 비교를 가능하게 한 것이었다.

- 인간 자연 발화의 평균 속도 vs AI TTS 발화의 평균 속도.
- 각 집단 내 속도 분포의 폭.
- 문장 길이 변화에 따른 속도 변화 패턴.
- TTS 모델 간 속도 차이.
- 동일 문장에서 인간과 AI가 보여 주는 리듬상의 차이.

이러한 실험 설계를 통해 우리는 TTS가 속도라는 리듬 요소를 단지 일정하게 유지하는 방식으로 처리하고 있는 것인지, 아니면 인간처럼 문장 구조나 의미 단위에 따라 조정하고 있는지를 구체적으로 파악할 수 있게 된다.

평균적 속도는 얼마나 차이가 나는가

TTS 시스템은 기본적으로 발화 속도를 조절할 수 있는 기능을 제공한다. 일부 플랫폼은 사용자가 직접 말하기 속도를 설정할 수 있도록 하고, 특정 API를 활용하면 음절 단위의 길이를 조정하는 것도 가능하다. 그러나 본 실험에서는 모든 TTS 음성에 대해 별도의 속도 설정 없이, 디폴트(default) 상태에서 출력된 음성을 기준으로 분석을 진행했다. 이는 TTS 기술이 어느 수준까지 자율적인 발화 리듬을 구성하고 있는가를 파악하기 위한 것이며, 무엇보다도 실험의 핵심이 절대적인 발화 속도 차이를 측정하는 데 있는 것이 아니라, 같은 엔진의 동일한 속도 설정하에서 생성된 문장들 간에 얼마나 속도의 조절이 이뤄지는지를 상대적으로 비교하는 데에 있기 때문이다. 따라서 이 실험은 기술적으로 가능하다는 설정값이 아니라, 기본 상태에서 드러나는 속도 감각의 구현 정도를 평가하고자 했다.

실험 분석에는 앞서 소개했듯이 측정 단위로서 초당 음절 수(SPS)가 사용되었다. 이는 전체 발화 시간 대비 음절 수를 산출한 지표로, 말하기 속도를 가장 직관적으로 드러내는 대표적인 단위다.

분석 결과, 인간 자연 발화의 평균 SPS는 7.70, AI TTS 발화의 평균 SPS는 5.85~6.17 사이로 나타났다. 즉, AI의 발화는 평균적으로 인간보다 약 1.9 음절/초 느리게 발화되고 있었다. TTS 모델별 평균값은 다음과 같다.

· 구글 여성 TTS: 5.89.
· 구글 남성 TTS: 6.17.
· 네이버 여성 TTS: 5.85.
· 네이버 남성 TTS: 6.16.

이 결과는 음성 엔진 간에는 거의 차이가 없고, 오히려 성별 모델 간 차이가 유의미하게 존재함을 보여 준다(p 〈 0.001). 즉, 동일 엔진에서조차 여성 TTS 모델은 평균적으로 더 느리게 말하는 경향을 보였다.

속도 분포의 폭에서도 큰 차이가 나타났다. 인간 화자의 발화는 표준편차 1.59로 넓은 속도 분포를 보였지만,

TTS 화자의 표준편차는 0.47~0.64 수준으로 좁게 수렴되었다. 이는 TTS가 구조적으로 속도 조절을 거의 수행하지 않고 있다는 점을 보여 준다.

이 실험의 핵심은, TTS가 단지 평균적으로 느리게 말한다는 것이 아니라, 말의 길이나 구조, 강조 여부와 무관하게 거의 일정한 속도로 발화한다는 점이다. 그 결과 TTS의 음성은 정보 구조나 감정 흐름을 조절할 수 있는 시간적 리듬이 부족하게 되며, 이는 청자에게 기계적인 어색함을 불러오는 핵심 원인이 된다.

속도의 리듬은 얼마나 유연한가

말하기의 속도는 항상 일정하지 않다. 사람은 말의 길이, 구조, 강조 위치, 의미의 무게에 따라 속도를 조절한다. 어떤 문장은 빠르게 흘러가고, 어떤 문장은 조심스럽게 멈추며, 같은 사람의 말 안에서도 속도는 끊임없이 흔들리며 조율된다. 이런 조절 가능성이 곧 발화 리듬의 유연성을 의미한다. 속도의 유연성은 단순한 평균값이 아니라, 그 평균에서 얼마나 많이 흔들릴 수 있느냐, 즉 속도 변화의 범위가 얼마나 넓으냐에 달려 있다.

이때 사용되는 지표가 바로 변동 계수(CV)다. CV는 평균 대비 표준편차의 비율로, 속도의 일관성 또는 유연성의 정도를 수치화해 보여 준다. 실험에서는 인간 자연 발화와 AI TTS의 CV를 비교함으로써 말의 속도가 얼마나 자유롭게 조절되는지를 확인하고자 했다.

결과는 분명했다. 인간 화자의 CV는 0.21로 나타난 반면, TTS의 CV는 0.07~0.11 수준에 머물렀다. 특히 네이버 여성 TTS의 경우 CV가 0.07로, 실질적으로 속도 조절이 거의 이뤄지지 않는 수준의 일관성을 보였다. 즉, TTS는 같은 속도로 말하는 경향이 매우 강하며, 문장의 길이, 구조, 의미 단위가 바뀌어도 그에 따라 속도를 조절하지 못하는 고정된 템포 구조를 갖고 있음을 보여 준다.

사람의 말이 길이에 따라 속도를 늦추거나, 강조 구간에서 속도를 줄이는 방식으로 리듬을 조율하는 반면, TTS는 길이가 긴 문장에서도 속도가 동일하게 유지되며, 강조 구간에서도 템포 조절이 이뤄지지 않는다.

이러한 속도의 경직성은 결국 말의 리듬을 단조롭고 기계적으로 만들며, 청자에게는 예측 가능하고 의미 구분이 어려운 발화로 인식되게 한다. 속도의 리듬이 흔들리지 않는 말은, 정보의 흐름도, 감정의 전달도, 구조의 전환도 담아내기 어렵다. 속도란 단지 빠르고 느림의 문제가 아니라, 문장의 리듬을 어떻게 설계하느냐의 문제다. TTS가 이 리듬을 사람처럼 조절하지 못하는 한, 그 말은 아무리 정확해도 여전히 문장을 읽는 기계의 말처럼 들릴 수밖에 없다.

속도는 계산의 문제가 아니다

앞서 살펴본 것처럼, AI TTS의 말하기 속도는 단순히 평균적으로 느리다는 것을 넘어, 문장이 바뀌어도 속도가 거의 변하지 않는다는 점에서 말의 리듬이 고정되어 있다는 구조적 한계를 드러낸다.

흥미로운 것은, TTS의 속도 수치 자체가 인간 발화와 아주 극단적으로 차이가 나는 것은 아니라는 점이다. 오히려 어떤 경우에는 인간의 느린 발화보다 TTS가 빠를 수도 있다. 하지만 그 말은 여전히 어색하다. 왜일까?

문제는 속도의 '수치' 그 자체가 아니라, 속도의 '사용 방식'에 있다. TTS는 속도를 조절하지 않고 계산된 일정한 속도를 반복하며, 강조나 멈춤, 의미 단위, 문장의 호흡 등 말을 살아 있게 만드는 리듬적 요인들을 반영하지 못한다.

예를 들어, 사람은 문장을 구성할 때 의미 단위 사이에서 속도를 살짝 늦추거나, 단어 사이에 짧은 멈춤을 삽입함으로써 정보 구조를 분명히 하거나 감정을 담는다. 하지만 TTS는 문장의 구조를 인식하지 못한 채, 단어 단위로 고르게 배분된 시간 내에서 균일하게 음절을 나열하는 방식으로 발화한다.

이러한 속도 분포는 정보 강조, 의미 전환, 발화 조율의 타이밍을 모두 무시한 구조이며, 청자에게는 "기계적으로 들리는" 근본 원인이 된다. 또한 TTS는 의미 구조나 감정 표현이 요구되는 지점에서도 속도를 조정할 수 있는 내부 판단 체계를 갖추지 못한다.

말을 빠르게 하는 것이 아니라, 언제 느려야 하고, 어디서 멈춰야 하는지를 판단하는 능력이 결여되어 있는 것이다. 속도란 단순히 시간당 음절 수만으로는 설명되지 않는다. 그것은 의미 구조를 배치하는 리듬, 강조와 여운을 조절하는 타이밍, 발화자의 태도를 드러내는 감각의 계량화되지 않은 실현이다.

결국 TTS가 속도를 '내는' 데는 성공했지만, 속도를 '조절하는' 데는 실패하고 있다는 것이 이번 실험이 보여준 가장 본질적인 이해다.

속도의 리듬, AI는 배울 수 있을까

실험은 TTS가 단지 말하는 것이 아니라, 어떻게 말하는지를 구현하는 데 여전히 미숙하다는 사실을 명확히 보여 주었다.

속도는 TTS가 가장 쉽게 수치화할 수 있는 운율 요소 중 하나지만, 그 수치가 인간과 비슷하다고 해서 자연스럽게 들리는 것은 아니다. 중요한 것은 속도를 낼 수 있는가가 아니라, 속도를 조절할 수 있는가다.

TTS가 속도 조절에 실패하는 이유는 우선 기술적인 구조에서 비롯된다. TTS의 음성 생성은 기본적으로 고정된 템포 기반의 발화 구조를 따른다. 딥 러닝 기반의 음성 합성 모델은 대부분 입력 텍스트를 일정한 시간 분할 안에 매핑하며, 이는 자연스럽게 속도의 정형화로 이어진다.

또한 대부분의 TTS는 발음 단위(음소, 음절)에 맞춘 시간 배분은 가능하지만, 의미 단위(구, 절), 감정 단위(강조, 여운)에서의 속도 조절 알고리즘을 갖추지 못하고 있다.

여기에 더해, TTS는 발화 목적이나 상황에 따른 판단 능력을 갖고 있지 않다. 예를 들어 '설명하는 말'과 '위로하는 말'은 같은 문장이라도 속도의 설계가 달라야 한다. 하지만 지금의 TTS는 그 구분을 알지 못한다.

그렇다면 AI는 속도의 리듬을 배울 수 있을까? 그 가능성은 점점 커지고 있다. 최근의 연구는 속도를 포함한 운율 요소를 규칙 기반이 아닌, 확률 기반의 표현 공간 안에서 선택 가능한 운율 벡터로 학습하고 조정하는 방식으로 진화하고 있다. 즉, '이 문장은 이런 식으로도 말할 수 있다'는 가능성의 패턴을 학습하고, 그중 가장 자연스러운 것을 선택할 수 있는 기술이 등장하고 있는 것이다.

하지만 여전히 중요한 것은, 속도 조절이 단순히 딥 러닝의 결과로 주어질 수 없다는 사실이다. 속도는 말의 내용과 문장의 구조, 발화자의 의도, 청자의 기대가 겹치는 지점에서 결정되며, 이러한 감각적 선택이 기술 안에서 어떻게 표현될 수 있을지를 고민해야 한다.

속도를 수치로 계산하는 기술은 이미 충분히 존재한다. 이제 필요한 것은, 그 수치를 바탕으로 어떤 타이밍을 선택할 것인가에 대한 설계 감각이다. TTS가 언젠가 사람처럼 말하기 위해, 속도라는 리듬을 조절하는 능력은 반드시 갖춰야 할 감각 중 하나다. 그 감각은 아직은 기계가 흉내 내는 것일지 모르지만, 말이 단순한 낭독이 아닌 소통이 되는 순간, 속도는 가장 먼저 인간다움을 묻는 요소가 될 것이다.

참고문헌

임현열(2023). 한국어 음성합성 기술의 초분절음 진단 체계: 언어치료용 AI에 적용될 기술을 예시로 하여. ≪인문과학연구≫, 78, 297-317쪽, https://www.kci.go.kr/kciportal/ci/sereArticleSearch/ciSereArtiView.kci?sereArticleSearchBean.artiId=ART003004135

임현열(2025). 인간 자연 발화와 AI TTS 발화의 속도 특성 비교 연구: Parselmouth 활용 음향 분석. ≪어문론집≫, 101, 73-104쪽, https://www.kci.go.kr/kciportal/ci/sereArticleSearch/ciSereArtiView.kci?sereArticleSearchBean.artiId=ART003194672

10
AI의 말, 우리가 다시 듣는 언어

기계가 말하려 할수록, 인간 언어의 복잡성은 더 뚜렷해진다. TTS는 단순한 기술이 아니라, 말이라는 행위의 조건을 되묻는 도구가 된다. 우리는 기계의 말소리를 통해 우리의 언어를 다시 듣는다.

종교와 AI?

기술을 통해 언어를 다시 듣다

TTS 기술은 이제 완성된 기술처럼 보이기도 한다. 말소리는 부드럽고, 어절 간 연결도 끊김이 없으며, 듣기에 어색하지 않은 문장도 많아졌다. 그러나 필자가 실제로 이 음성들을 반복해서 분석한 결과, 이 기술은 여전히 인간의 발화를 온전히 구현하지 못하고 있다는 점이 분명하게 드러났다.

문제는 단순한 음질이나 억양의 품질에 있는 것이 아니다. 진짜 문제는, 말하기라는 행위가 지닌 복합성과 조절 가능성이 기술적으로 구현되지 못하는 지점에 있다. 기계는 정확한 발음을 산출할 수는 있지만, 그 발음이 언제, 어떤 맥락에서, 무엇을 강조하며 말해야 하는지를 판단하지 못한다. 결국 TTS는 여전히 단순한 규칙 기반 처리의 영역에 머물러 있다.

그런데 역설적으로, 이런 기술의 한계를 점검하는 과정은 필자로 하여금 인간 언어의 복잡성과 정교함을 더 깊이 이해하게 만들었다. 기계가 말하는 방식을 점검하다 보니, 우리가 평소 무심코 말하고 있는 언어의 구조가 얼마나 정교하게 작동하고 있었는지를 되묻게 되었기 때문이다.

연음, ㄴㄹ 연쇄, 경음화 같은 현상을 TTS가 처리하는 방식을 검토하면서, 기술의 문제를 넘어, 우리는 왜 그런 방식으로 말하는지에 대한 언어학적 질문이 자연스럽게 따라붙었다. 규칙은 있지만 항상 적용되지는 않고, 같은 단어라도 상황과 문맥에 따라 발화가 달라지며, 화자마다 발화 방식의 선호와 경계 인식이 다르다는 사실이 언어의 본질을 다시 생각하게 만들었다.

또한 이 과정에서 드러난 중요한 지점은, TTS 개발 대부분이 언어학자가 아닌 엔지니어의 관점에서 진행되어 왔다는 점이다. 기술 설계의 입장에서는 규칙이 단순하고, 적용 조건이 명확하며, 처리 속도가 빠른 것이 효율적일 수 있다. 하지만 실제 언어는 그보다 훨씬 더 미묘하고 변동 가능하며, 맥락적으로 작동하는 구조다. 예외는 빈번하고, 규칙은 상황에 따라 달라지며, 무엇보다 말은 상대방의 반응을 예측하고 조정하는 방식으로 구현된다.

이 책은 바로 그런 미세한 불일치와 조정 불능의 지점들, 즉 기술이 놓치고 있는 언어의 층위를 탐색하려는 시도였다. 기술을 점검하다가 언어를 다시 듣게 된 이 과정을 통해, 우리는 결국 '기계가 어디까지 사람처럼 말할 수 있는가'라는 질문보다, '사람은 도대체 어떻게 그렇게 말하고 있었는가'라는 더 본질적인 질문에 다가가게 된다.

아직 '말'하지 못하는 기계

TTS는 이제 문장을 유창하게 낭독할 수 있다. 길이도 조정되고, 억양도 곡선을 그리며, 멈춤도 일정한 리듬으로 삽입된다. 하지만 그 목소리를 듣는 사람은 여전히 그것이 '말'이 아니라 '음성 출력'에 가깝다는 느낌을 받는다.

이 어색함은 단지 소리의 문제만은 아니다. 사람의 말은 정보를 전달하는 동시에, 상황을 조정하고, 감정을 전달하며, 관계를 형성하는 행위다. 말하는 이는 언제 멈추고, 어느 단어를 강조하고, 어떤 속도로 말해야 하는지를 청자의 반응, 말의 목적, 맥락에 따라 조절한다. 하지만 TTS는 이러한 조정 능력, 맥락 반응성, 주체적 발화 결정 구조를 갖추지 못한다.

예를 들어 TTS는 '정말 잘했어요'라는 문장을 어떤 상황에서도 거의 비슷한 억양과 리듬으로 출력한다. 그러나 사람은 그것을 칭찬, 반어, 감탄, 위로, 농담 등 전혀 다른 방식으로 말할 수 있고, 그렇게 해야만 할 때도 많다. 이러한 의도 조정과 표현 선택의 자유가 없다는 점에서, TTS는 여전히 '말하기'를 흉내 내고 있는 단계에 머물러 있다.

또한 TTS의 말소리는 화자의 정체성도 갖지 못한다. 화자의 배경, 감정 상태, 말의 책임감은 음성과 억양 속에 스며들지만, 기계의 목소리에는 그런 정체적 요소가 부재하다. 그 결과 청자는 그 말의 주체가 누구인지, 무엇을 바라고 말하는지, '그 말을 한 사람'이 존재하기는 했는지를 판단하기 어렵다. 즉, 기계는 소리를 만들지만, 의미를 실어 나르지 못한다. 그리고 그것은 단순히 발음 품질의 문제가 아니라, 말이라는 행위의 조건 중 가장 인간적인 층위, 즉 의도와 책임, 감정과 조정의 능력이 기술 안에 아직 설계되지 않았기 때문이다.

TTS가 아직 '말하지 못한다'라는 이 명제는, 기술적 능력의 부족이 아니라, 말하기를 구성하는 조건을 충분히 모사하지 못했다는 의미에서 이해되어야 한다. 지금까지의 발전은 '말처럼 들리게 하는 기술'이었고, 앞으로 필요한 것은 '의미를 담아 말하게 하는 기술'이다.

목소리의 윤리, 소리의 주체는 누구인가

TTS 기술이 발전하면서, 우리는 이제 종종 사람인지 기계인지 알 수 없는 목소리를 듣게 된다. 문장은 완전하고, 억양도 자연스러우며, 감정도 흉내 낼 줄 안다. 그러나 그 말소리에 대해 "누가 말했다고 할 수 있는가?"라는 질문을 던졌을 때, 대답은 여전히 명확하지 않다.

사람의 목소리는 단지 음향이 아니다. 그것은 그 사람

의 정체성과 사회적 위치, 감정 상태와 태도, 심지어 말에 대한 책임감까지 담는 중요한 신체적 표현이다. 우리는 누군가의 목소리를 통해 나이, 성별, 감정뿐 아니라 말하는 사람의 존재 그 자체를 감지한다. 따라서 목소리를 흉내 낸다는 것은, 단순히 음색이나 리듬을 재현하는 일이 아니라, 한 사람의 정체성과 말하기의 책임을 외부에서 복제하는 일이다.

이 문제는 TTS의 윤리적 차원에서도 중요하다. 특정 인물의 목소리를 학습시켜 그 사람이 하지 않은 말을 하게 만드는 기술은 표현의 진위 문제와 화자 주체성의 훼손 문제를 동시에 야기한다.

실제로 이미 여러 분야에서 고인의 음성을 복원하거나, 유명인의 목소리를 광고나 콘텐츠에 사용하는 사례가 등장하고 있으며, 이런 방식이 어디까지 허용되어야 하는가에 대한 사회적 합의는 아직 충분히 형성되지 않았다.

더 나아가, '기계가 생성한 목소리에 대해 책임은 누구에게 있는가'라는 문제도 남는다. TTS 시스템이 말하는 내용을 사용자가 편집했다면 그 책임은 사용자에게 있는가, 혹은 음성을 제공한 기업이나 기술 개발자에게 있는가? 기계가 만든 말이지만, 그것이 인간 사회에 미치는 영향은 매우 구체적이고 실질적이다. 그렇다면 기계의 말에도 어떤 '책임 주체'를 연결하는 방식이 필요하다는 논의가 자연스럽게 등장할 수밖에 없다.

결국 기술이 인간의 말소리를 흉내 내기 시작할 때, 우리는 그 목소리가 누구의 말인가, 누구를 대표하는가, 그리고 누가 그 말에 책임을 져야 하는가를 함께 질문해야 한다. 기계의 말은 사람의 말처럼 들릴 수 있지만, 그 주체는 기계가 아니라 기술 뒤에 있는 인간들이다.

발음에서 시작된 언어학적 전환

TTS 기술은 언뜻 보면 인간 언어를 흉내 내는 데 그치는 듯하다. 그러나 기술이 실패하거나 어긋나는 순간, 우리는 오히려 인간 언어의 복잡성을 더 선명하게 인식하게 된다. 이 책은 그런 어긋남의 지점을 따라가며, 기술을 수단으로 삼아 언어를 다시 묻는 역방향의 언어학적 탐색을 시도한 기록이다.

2019년, 필자는 기존의 발음 실태 조사 방식이 갖는 한계를 지적하며, AI 기기를 활용한 새로운 실태 조사 방법론을 제안한 바 있다. 당시 대부분의 조사는 녹음실이라는 인위적 환경에서, 소수의 화자를 대상으로 표준 발음을 확인하는 데 집중되었고, 실제 언어 사용자의 발화 변이와 사회적 분포는 포착되지 못했다. 이에 제안된 방식은, AI 스피커, 스마트폰, 음성 검색 시스템 등 일상 속 발화 장치에서 자동 수집되는 데이터를 기반으로, 언중의 실제 발음 사용 양상을 실시간으로 추적하고 분석하는 구조였다.

이는 언어 연구에 두 가지 전환을 요구한다. 첫째, 언어는 더 이상 인터뷰나 통제 환경에서 수집되는 것이 아니라, 기술과 함께 축적되고, 기술이 해석하는 방식으로 관찰된다는 점. 둘째, 발음 실현을 기술이 어떻게 처리하고 있는지를 분석하는 동시에, 기술이 '보는 방식'으로 언어를 다시 구성할 수 있다는 가능성이다.

TTS는 이 구조를 기술적으로 뒷받침할 수 있는 기반이자, 스스로 하나의 언어 실험실이 될 수도 있는 플랫폼이다. 말을 출력하는 기술에서 나아가, 발음 실현을 실험하고, 억양과 길이를 조정하고, 음운 변화를 실시간으로 감지할 수 있는 동적 언어 분석 도구가 될 수 있는 것이다.

그런 점에서 TTS는 더 이상 언어학의 분석 대상에 머물지 않는다. 언어 데이터를 수집하고 구조화하는 새로운 동료, 그리고 언어학적 방법론을 다시 구성하는 기술적 파트너로서의 가능성을 보여 주고 있다.

언어의 다시 듣기: 기술이 던지는 인문학적 질문

TTS 기술은 점점 더 사람처럼 말한다. 발음은 정교해졌고, 억양은 자연스러워졌으며, 속도와 감정도 조절 가능해졌다. 그러나 기술이 발전할수록 오히려 우리는 더 본질적인 질문과 마주하게 된다. "말이란 무엇인가. 그리고 그 말은 누구의 것인가?"

인간의 말은 단순한 정보 전달이 아니다. 그것은 감정의 흔들림이며, 맥락에 반응하는 조정 행위다. 한 단어는 억양에 따라 의미가 달라지고, 말의 속도는 관계의 거리감을 조절한다. TTS는 이러한 말의 형식을 구현할 수 있지만, 말의 주체와 관계성은 구현하지 못한다. 그 말은 책임지지 않고, 반응하지 않으며, 청자에게 맥락적 기대를 환기하지 않는다.

그러나 이 불완전함이 되레, 인간 언어의 고유한 특성을 더 분명하게 드러낸다. 우리는 기계의 말을 들으면서, 인간 언어에 담긴 리듬, 맥락, 감정, 그리고 주체의 흔적을 더욱 명확히 인식하게 된다. 기술이 완성되어 갈수록, 언어의 결은 더 분명하게 살아난다.

그런 면에서 이 책은 TTS 기술을 분석한 보고서가 아니다. 기계가 흉내 내는 말의 경계에서, 인간 언어의 본질을 되묻는 인문학적 시도로 의미를 가진다. TTS는 그저 말했을 뿐이다. 그러나 우리는 그 말의 너머에서 언어를 다시 듣는다.

참고문헌

임현열(2019). AI 기기를 활용한 한국어 발음 실태 조사 방법론 제안. ≪문화와 융합≫, 41(6), 705-732쪽, https://www.kci.go.kr/kciportal/ci/sereArticleSearch/ciSereArtiView.kci?sereArticleSearchBean.artiId=ART002541178

임현열(林玄烈)

중앙대학교 국어국문학과 교수. 국어 음운론을 전공하고 인지 음운론의 시각에서 비표준 발음의 인지적 확산 양상을 분석해 박사 학위를 받았다. 이후 TTS(Text-to-Speech)가 생성하는 한국어 발화의 자연스러움을 점검하는 데 연구의 중점을 두고 연음, 경음화, 운율, 발화 속도 등 다양한 음운 및 운율 요소들이 실제로 어떻게 구현되고 있는지를 실험적으로 분석해 왔다. 최근에는 파이썬(Python)과 파셀마우스(Parselmouth)를 활용한 음향 분석 기반의 데이터 중심 연구에 집중하고 있으며, 전통 음운론과 국어 정보학의 융합을 지향하고 있다. 저서로는 2020년에 공저로 지은 《인공지능 인문학 Full Course》, 역서로는 2025년에 단독으로 옮긴 《파이썬과 언어 연구》가 있다.